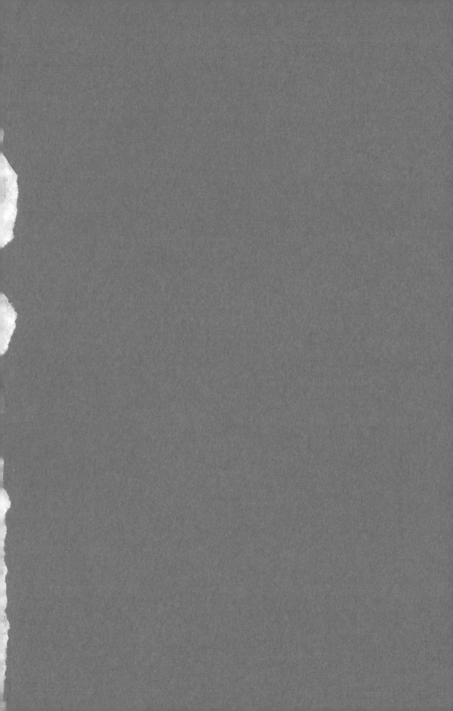

部下との対話が
上手なマネジャーは
観察から始める

ポリヴェーガル理論で知る心の距離の縮め方

著 白井剛司

監修 株式会社D・M・W
八谷隆之・吉里恒昭

日本能率協会マネジメントセンター

掲載図版 カラー版

本書では自律神経による反応を赤・青・緑の3色で示しています。
特に色が重要となる図版を、以下に掲載します。

図2-1 従来の自律神経理論とポリヴェーガル理論の違い（第2章 P.54）

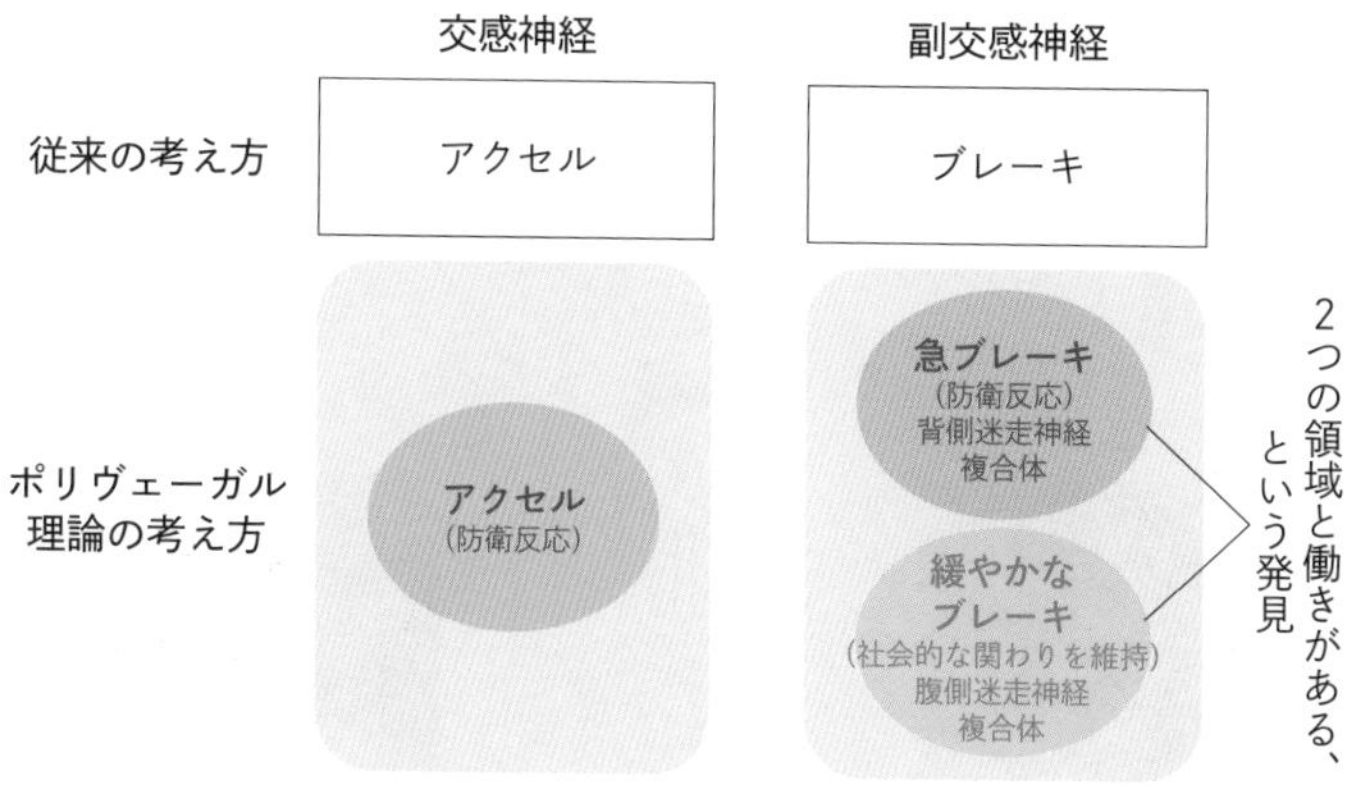

表2-1 ポリヴェーガル理論　身体の3色のモード（第2章 P.59）

モード	赤のモード	青のモード	緑のモード
自律神経	交感神経	副交感神経 （背側迷走神経複合体）	副交感神経 （腹側迷走神経複合体）
状態	アクセル 闘う／逃げる	急ブレーキ 固まる／動けなくなる	緩やかなブレーキ 安心する／つながる
覚醒状態	過覚醒	低覚醒	適切な覚醒
注意	注意は主に 外に向かう	注意は主に 内に向かう	注意は内にも外にも バランス良く向かう
エネルギー	エネルギー消費多	エネルギー消費少	適切なエネルギー消費
ニーズ	問題解決	休息	社会的な（仲間との）関わり くつろぎ・リラックス

図2-2 3色のモードと入れ替わり （第2章 P.59）

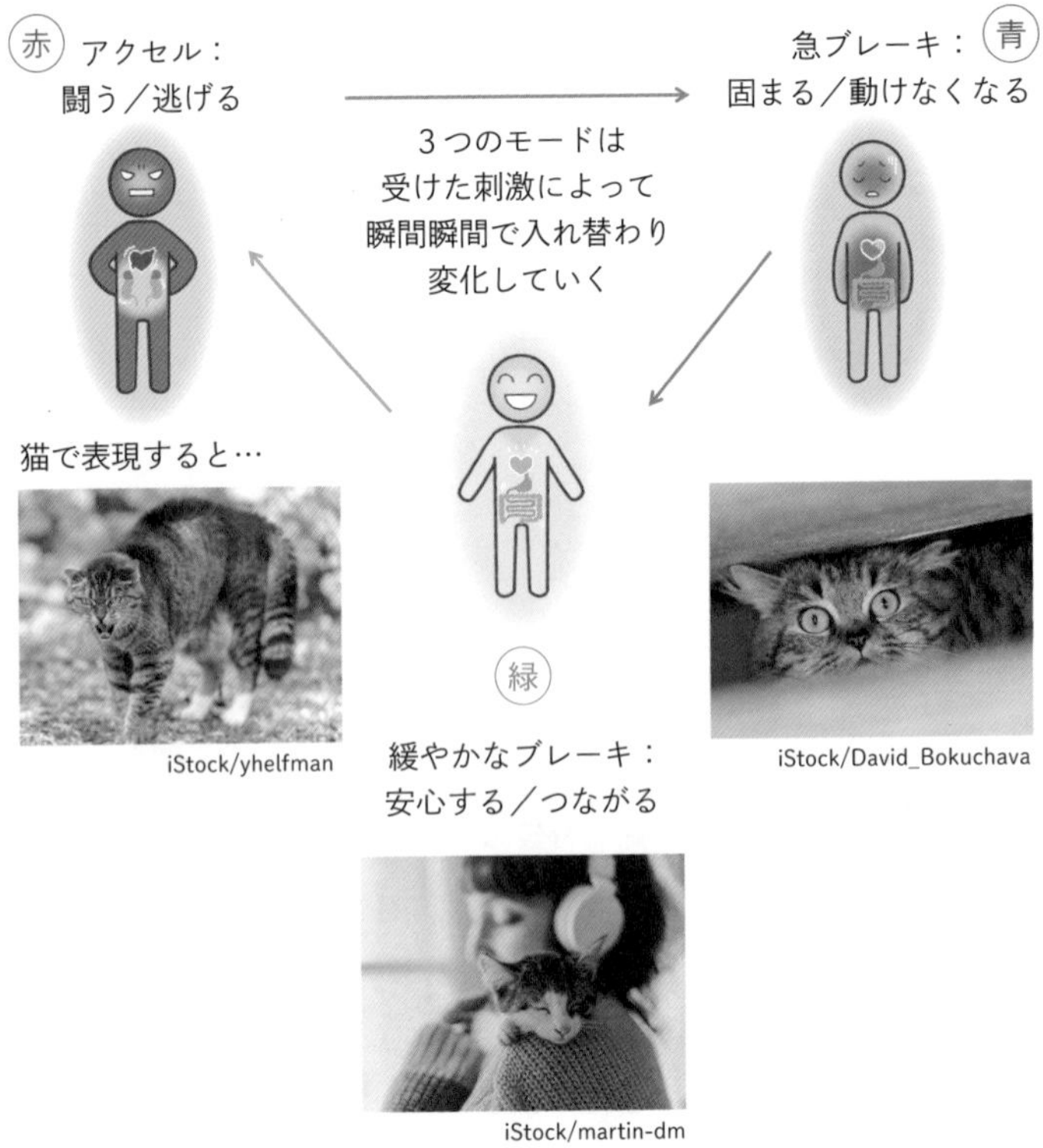

図5-1 3色のモードの関係性（「耐性領域」） （第5章 P.169）

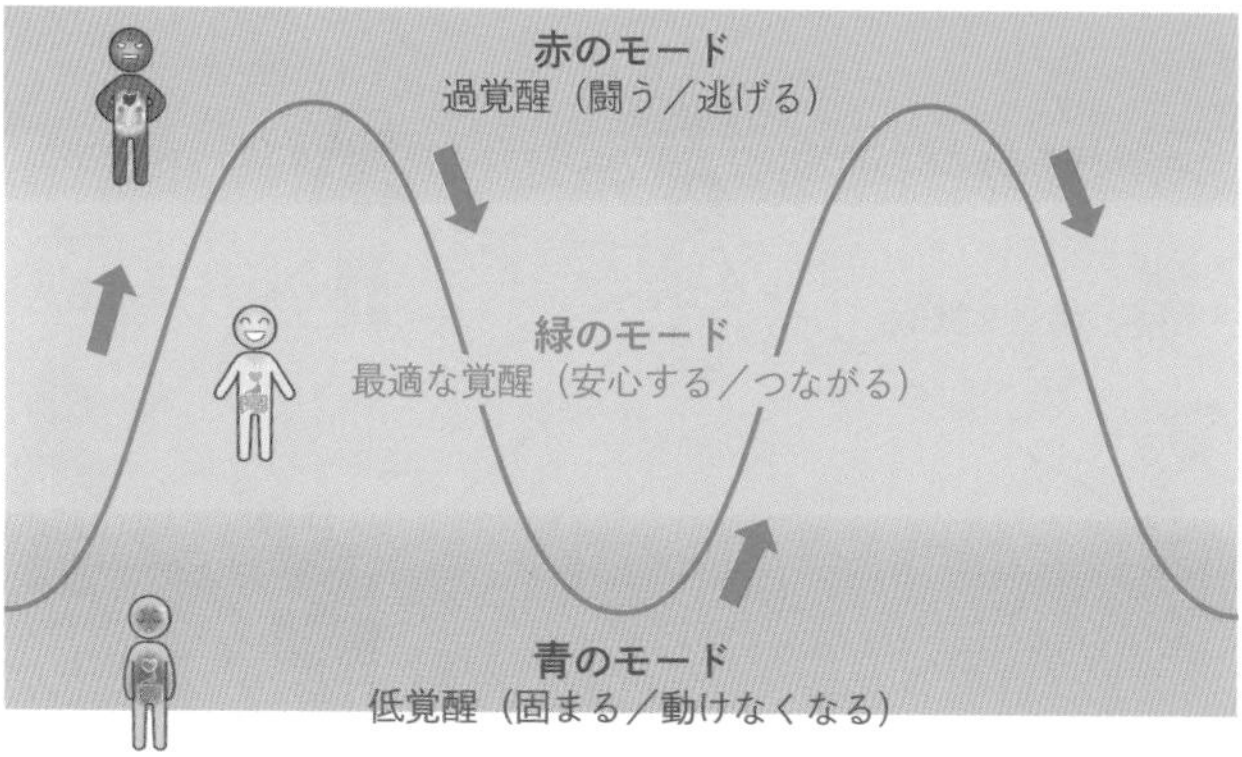

『Trauma and body』Pat Ogden、Clare Painら著を参考に作成（波線、モード名とイラスト追記は筆者）

図6-1 3色のモードのブレンド （第6章 P.195）

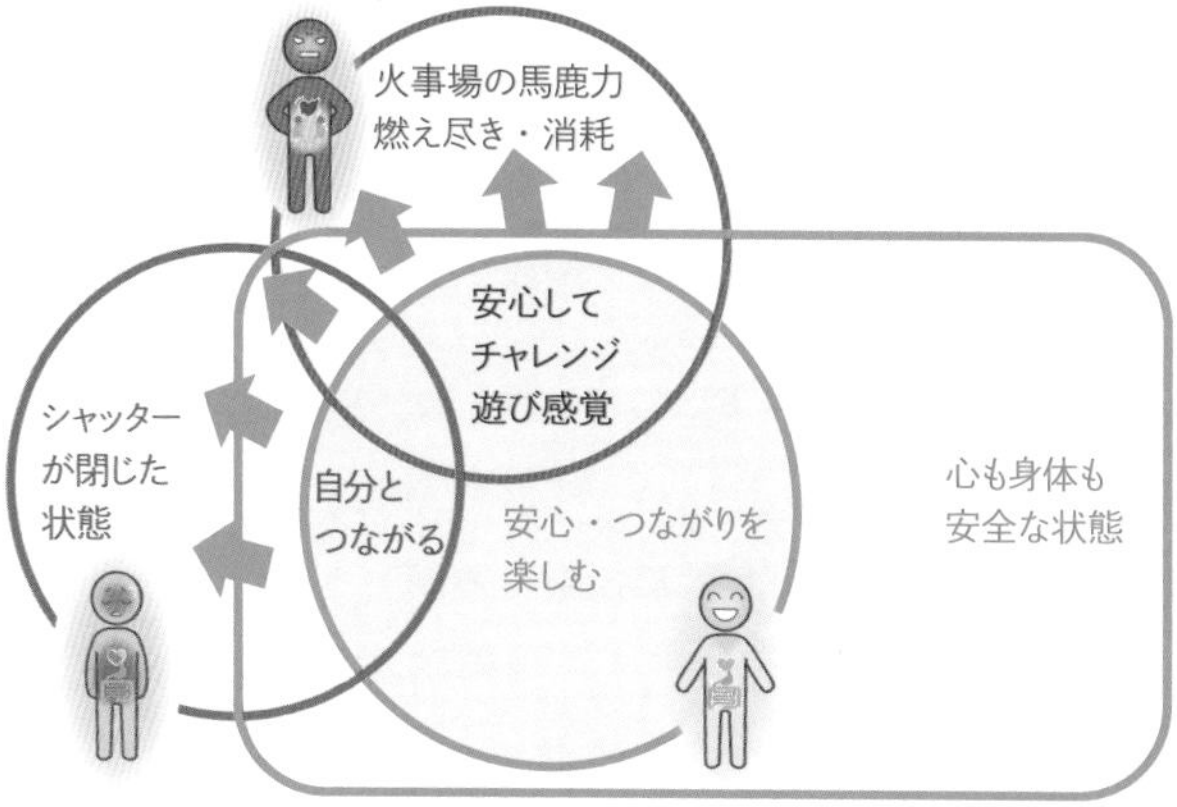

図6-2 掛け合わせ（ブレンド）の状態一覧 （第6章 P.197）

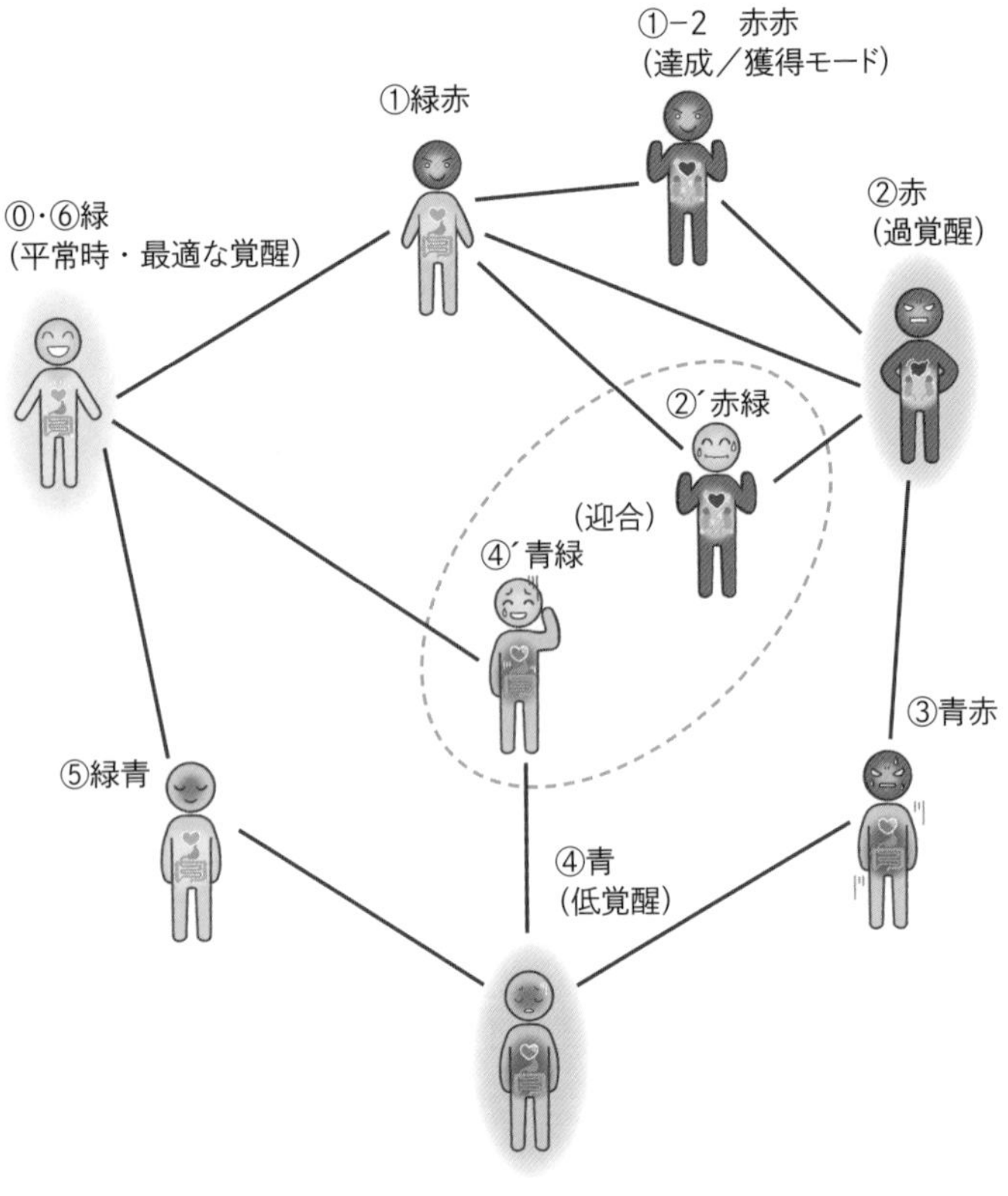

さまざまなブレンド状態を表しており、順番どおりに移行したり、循環したりするということではない。
（大まかな流れ〈緑→赤→青→緑→赤……〉はあるが、①→③のように飛び越えたり、②→⓪のように戻る場合もある）

（第 6 章 P.205）

図 6-3 赤関連のモード比較と「達成／獲得モード」への向き合い方

赤の3つのモードのそれぞれの違いや変化（移行）に
気づくことがマネジメントにおいて重要。特に「達成／獲得モード」状態の
メンバーに対する観察や介入は丁寧に行う必要がある。

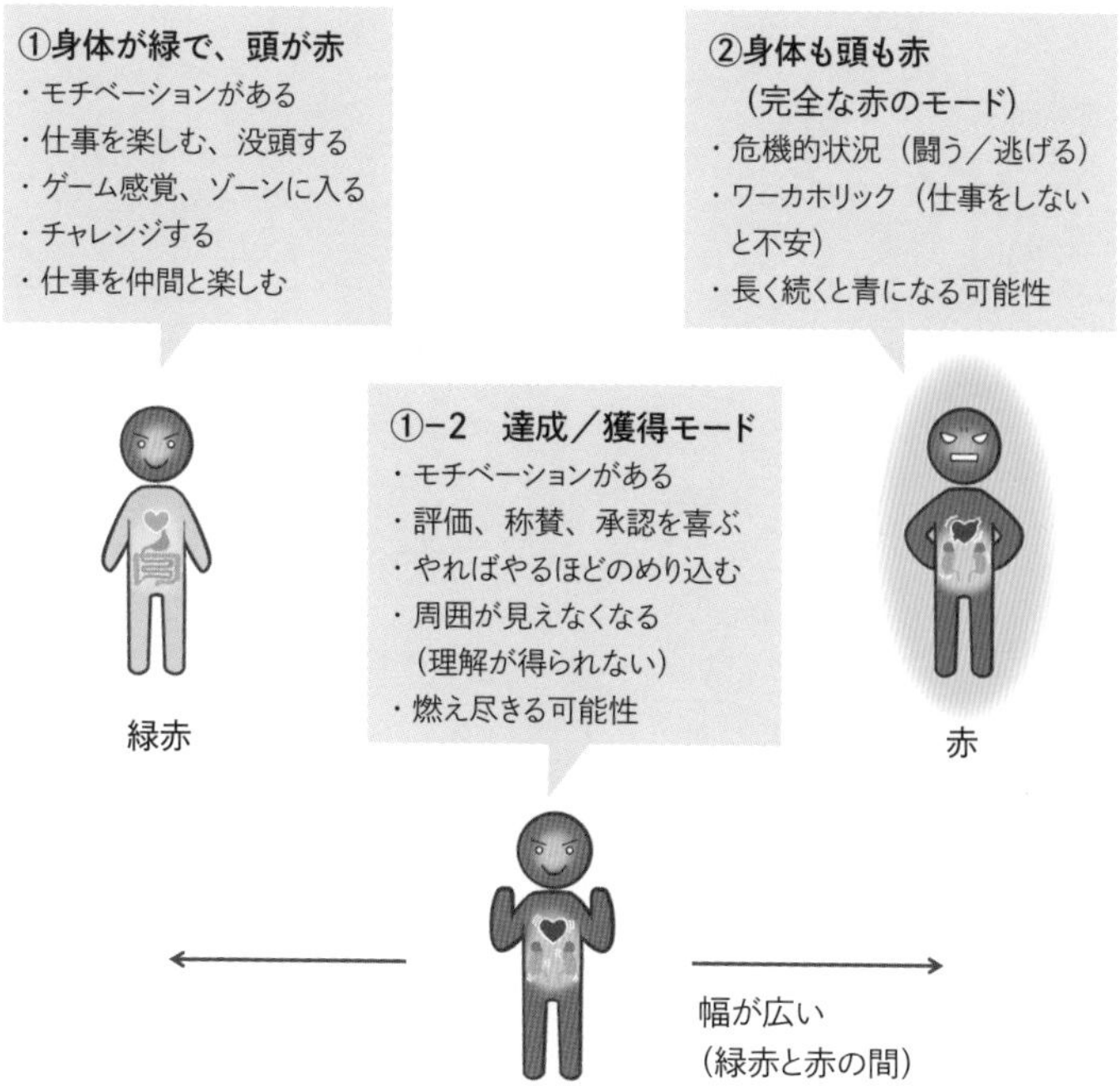
①身体が緑で、頭が赤
・モチベーションがある
・仕事を楽しむ、没頭する
・ゲーム感覚、ゾーンに入る
・チャレンジする
・仕事を仲間と楽しむ
②身体も頭も赤
（完全な赤のモード）
・危機的状況（闘う／逃げる）
・ワーカホリック（仕事をしないと不安）
・長く続くと青になる可能性
①−2 達成／獲得モード
・モチベーションがある
・評価、称賛、承認を喜ぶ
・やればやるほどのめり込む
・周囲が見えなくなる
（理解が得られない）
・燃え尽きる可能性
緑赤
赤
幅が広い
（緑赤と赤の間）

モチベーション高く成果も上げるため放置しがちだが、
孤立したり、燃え尽きてしまう可能性もあり要注意

図8-3 3種のマインドフルネスエクササイズ （第8章 P.265）

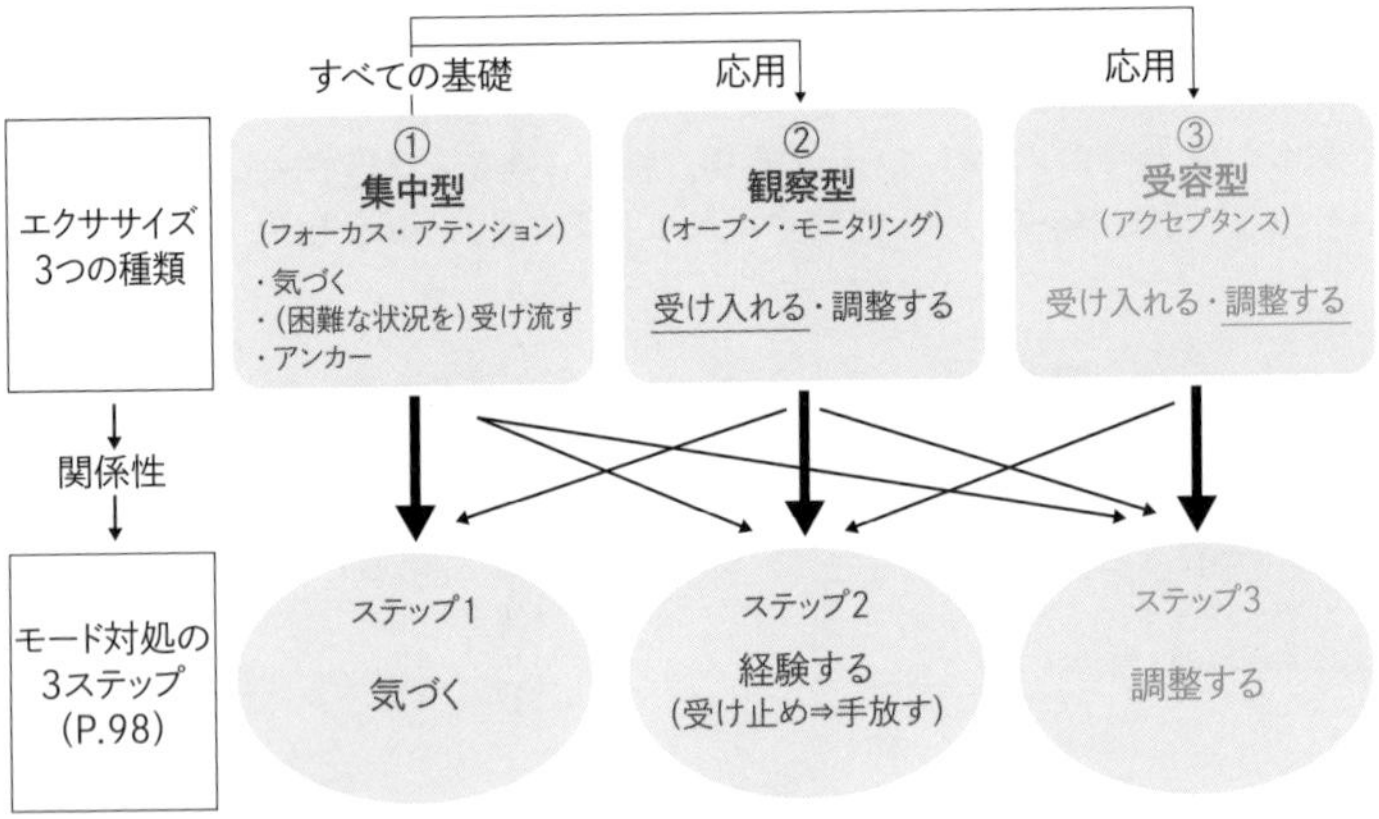

※※太い矢印はエクササイズと3ステップ各所との結びつきが強いことを示している。

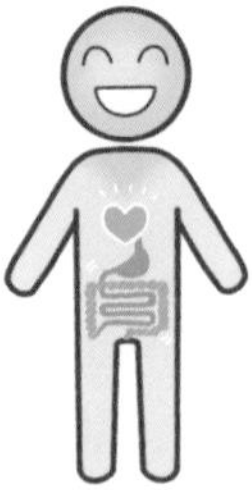

はじめに

　私、白井剛司は広告会社で長年、人材育成や、現場組織のサポート、マネジャー支援等に携わってきました。その中で近年、マネジャーを担う皆さんが、これまでになく多忙な、タフな環境で負荷を背負っていることや、コロナ禍を経てさらにその負荷が高まっていることを、ともに感じてきました。多くのマネジャーは、マネジャーとして本来対応すべきこと以外の細かい事柄に追われ、部下との対話や、チーム内の関係性の構築に苦戦しています。そこで私は、マネジャーの皆さんの負荷を軽減しつつ、かつチームで成果を上げていくために効果的なナレッジやスキル、活動を探し出し、一部は実際に社内外の研修等で提供してきました。

　長年かけて探し求め、自ら実践し、特に効果を感じたのが、身体と心の「観察」でした。ここで言う「観察」とは、自分の身体が発する情報をよく注視して、瞬間瞬間の自分の内面の状態に気づくようになることです。その体験を重ねることで、マネジャー自身、一つひとつの仕事を冷静に、かつ安心して対処していくことができるようになります。さらには、部下の状態も予想がつくようになり、それを踏まえて対話をすることで、部下の、あるいはお互いの不安やわだかまりがとけ、やる気を高め、安心して仕事を進めることができるようになっていくのです。

そんな「観察」を起点とする本書には、一般的なマネジメント関連書籍と比べて大きく異なる点が2つあります。

①マネジャーが、〃外側〃で起きるさまざまな事態をコントロールするのではなく、自分や他者の〃内面〃を観察し調整することで、事態に変化を起こす提案をしていること。
②内面を扱うには、まず「身体感覚」に気づき、大切にすることを提案していること。

この本では、人の内面（考えや気持ち、身体の感覚）などを観察することによって生じる気づきを大切にします。①のようにマネジャーが日々の仕事の瞬間瞬間で、自分や他者の内面を観察し、起きていることを客観視して〃調整〃すると、どんなに動揺したり怒りが湧いたりしても落ち着いた対応ができ、思考停止や怒りの爆発といった不本意な結果を避けることができます。

また、仕事をするうえで、私たちは頭で常にものを考え、「思考」に頼っています。しかしながら頭で思考ばかり展開し、「感情」や「身体感覚」をないがしろにすることには弊害があります。本書では感情と身体感覚を思考と同様に扱いながら、特に「身体感覚」を大事にしています（②）。身体感覚に気づく大切さや、感情や思考と身体感覚の関係性を理解することが、マネジメントの質を上げることにつながります。

感情や身体感覚を大事にすることは、メンタルケアにも直結します。マネジャーのセルフケアも大事ですが、日々の会話ややりとりをする中でメンバーの状態を観察し「見立てる力」を身につけることで、メンバーの業務遂行を助けるだけではなく、メンタルケアにも役立てることができるのです。今の組織運営ではかつてないほどにメンバーのメンタルケアのウエイトが重くなりました。マネジャーの皆さんも常にメンバーの心の状態を気にしていると思いますが、本書を読むことで、メンバーの心の状態を理解するのが容易になるでしょう。

心身の観察の仕方や、観察の重要性について、本書では次の順序で解説します。

第1章は、前提として、現代のマネジャーが置かれた環境を確認し、その環境下における観察の重要性や効果を述べています。

第2章は、身体を観察する基礎となる自律神経系の学説「ポリヴェーガル理論」の全体像を紹介します。ポリヴェーガル理論とは、心（思考＋感情）と身体を理解する上で大きな助けになるもので、心理学はもちろん、心身のケアや、人の心が重要となる多くの分野で注目されています。刺激を受けた人の身体（神経反応）の状態を、たった3つに分類するもので、皆さんもご自身の体験と照らし合わせると身近に感じられると思います。

第3章から第6章までは、その3つの身体の状態（モード）の具体的な解説です。職場でありがちな、具体的なケースを通じて理解することができます。より詳細に、3つ（3色）のモードそれぞれがどういう状態なのか、それぞれのモードに入る真の意味合いや観察の仕方、入った際の対処法などを知ることができます。

第7章は、私が専門としてきた人材開発分野でよく知られる内省支援と対話のフレームワークに、本書の「観察」を組み合わせて使う方法を説明した応用編です。

第7章までの内容をもとに、実際に観察や調整をしてみることで、少しずつご自身の言動が変わってきます。ここまでで十分ではありますが、さらに観察力や対応力を高めることができるエクササイズを第8章で紹介しています。これは、実は「マインドフルネス」のエクササイズです。マインドフルネスは、効果に定評があるセルフマネジメントの技術であり、状態を整えるためのＯＳ（オペレーション・システム）ともいえるものです。ストレスや疲れを解消し、観察力、対応力、言動などに関するパフォーマンスを高めます。

章の最後には、練習に役立つ音声や、解説動画の収録ページへのリンクも記載しています。

本書の監修は株式会社D・M・Wの吉里恒昭さん（臨床心理士）、八谷隆之さん（作業療法士）にお願いしました。お二方は、心理カウンセラーや教師、医師、看護師、そして企業の人事やマネジャーなど、「支援者」をサポートするコミュニティを育てて、その中でこのポリヴェーガル理論を「ポリ語」として広める活動をしています。「ポリ語」とは身体の3つのモードを赤・青・緑の3色で表し、わかりやすく伝える実践知です。私自身、この活動に3年ほど属して学び、大きく影響を受けたことで、日々困難さを抱えながら前に進むマネジャーの皆さんにこの理論や観察の方法をお伝えしたいと考え、本書を執筆するに至りました。

本書を読むことで、マネジャーとして安心して仕事ができるようになり、メンバーとの心の距離が近づくこと、そして、組織の皆さんが安心した状態で主体性を発揮し、望む成果を得られるようになることを、心から願っています。

目次

第4章

青のモード（固まる／動けなくなる）を観察する

第5章 緑のモード（安心する／つながる）を観察する

第1章

なぜ「観察」が重要なのか？

マネジャーが置かれた環境と「観察」

本書は、超多忙で、チーム内で問題が多発する毎日を送るマネジャーの皆さんに、徐々に日常と部下との対話を改善していくことができる、心と身体の観察・調整方法をお伝えする本です。

私は広告会社の人材開発部門で16年間経験を積み、その後半の5年間はマネジャーの育成・支援を担当しました。また最後の2年は、ＨＲＢＰ（事業部内の組織・キャリア支援）として本社籍ではなく現場組織の中に席を置いて、マネジャーや組織が直面する課題に向き合い、マネジャーと一緒に組織やチームの課題を扱ってきました。今日の組織運営が本当に複雑で難しいものであることは言うまでもありませんが、私の実践経験から見つけた一筋の可能性が、本書のテーマである「観察」です。

私たちの身体が発している情報をもとに、ご自分や部下の心や身体を「観察」し、対話を行うことで、安心して仕事を進める環境をつくり出すことができます。こうした意味の観察にはあまりなじみがないと思いますが、本書によって、この自己と他者の観察をマネジメントの起点とすることの大切さを理解していただければと考えています。

具体的な説明に入っていく前に、なぜ「観察」が有効なのか、観察によって起こせる変化について皆さんが置かれている環境、背景を踏まえて説明します。これは私がいた会社固有の状況ではなく、この国の変化などから生じている、社会全体の構造的な話です。

1 現代のマネジャーは、なぜここまで忙しいのか？

マネジャーが背負う重荷

2023年に行われたある調査によれば、企業の人事担当者が思う組織課題のトップは「ミドルマネジメント層の負担が過重になっている（65・3％）」ことでした。この調査では管理職層にも同じ質問がなされており、64・7％の管理職層も、自分たちの負担が過重になっていることを組織課題だと回答しています（『マネジメントに対する人事担当者と管理職層の意識調査2023年』株式会社リクルートマネジメントソリューションズ）。

調査結果を引用するまでもなく、管理職の皆さんは、厳しい状況を我がこととして日々体感しているでしょう。早朝から深夜まで出社、もしくはリモートワークで複雑な案件から細かいタスクに至るまで分刻みでこなし、休日も消化しきれていない仕事を片づけたりしているでしょう。平日は、ここにチームメンバーが担当する案件のトラブル対応や後始末なども加わります。切羽詰まった状況の中、メンバーから日常的に相談が来たり、上位者から急遽呼ばれて報告や案件を頼まれたりします。営業組織などでは本社スタッフから業績の現状や将来の見通し報告を求められたり、他の組織から業務に関する相談などを受けることもあるでしょう。

自分が忙しいのはよくわかっている、と思われたかもしれません。しかし忙しいだけではなく、状況がいつまでも変わらなさそう、ともお感じではないでしょうか。先述の調査では、管理職層が組織課題の中で、人材や仕事に対して、特に以下のような課題を感じていることも浮き彫りになっています。

〈人材に関する課題〉

- 中堅社員が小粒化している（64・0％）
- 新人・若手社員の立ち上がりが遅くなっている（62・7％）
- 優秀な人材が流出している（51・3％）
- 中高年層の社員の活躍する場が減っている（46・7％）

〈仕事に関する課題〉

- 難しい仕事に挑戦する人が減っている（59・3％）
- やりがいのある仕事が減っている（52・0％）

コロナ禍などを経て、さまざまな側面からマネジメントの難易度が高くなっているにも関わらず、「人材が育たない・育てられない」「メンバーの意欲が低下している」「メンバーに仕事を安心して任せられない」といったことを感じているのではないでしょうか。

そうした状況にもかかわらず、組織に求められる要求は年々大きなものになっており、マネジャーの「プレイヤー業務」比率は年々高まっています。これも先の調査によれば、プレイヤー業務比率が50％以上を占めているマネジャーは、驚くべきことに全体の58・7％。２０２０年にリクルートワークス研究所が「マネジャーのプレイング業務比率は30％未満が適正」という提言をしていますが、理想と現実には大きな差があります（『Works Report 2020 プレイングマネジャーの時代』）。

理想と現実に差が生じている原因は、仕事で求められる質や量が年々上がってきているにもかかわらず、自組織のメンバーに知識・スキルが不足していて仕事を任せられないことでしょう。高度成長期やバブル期のように長時間残業をさせることへの批判もあります。「最終的に責任を持ってやり遂げるのは自分しかいない」というのが、皆さんの本音ではないでしょうか。

マネジャーのこのような状況については、今から10年ほど前、あるいはそれ以上前から書籍やレポートなどで指摘されてきました。私個人の経験としても、この10年でマネジャーから相談を受けることが増え、悩みを打ち明けられる機会も増えてきました。10年ほど前は、現場の組織運営について、人事部門などの本社組織に相談に乗ってもらうというニーズは皆無だったのに、です。「現場のことは現場が一番良く知っている」という時代を越えて、「受けられる支援はすべて受けて何とかしたい」という気持ちの表れでしょう。

この10年ほどの変化――「複雑化・タフ化」は急激なものであり、マネジャーの役割の難しさも、それ以前とは異なる次元にあります。マネジャー自身も、多忙すぎる毎日を変えていくために今の時代の難しさを認識しておく必要があります。

では、この10年ほどでマネジャーの仕事はどんなふうに複雑化し、タフになっていったのでしょうか？

「昔は良かった」のか「現状が辛い」のか

確かに2010年ごろ、すでにマネジャーは繁忙状況はあったものの、今よりもずっとチームの進める方向を一致させやすく、好循環が起こしやすい状況でした。

というのも当時は、業績の成長（単年度視点と中長期視点）と人の成長（中長期の視点）といった、ビジネスと人の両方を手掛けて成長させていく、という一つの大きな矢印、方向感が一致していました（**図1－1**）。業績と人の成長が相互に影響し合って好循環が回っているのがよい組織の状態であり、よい組織のマネジャーの役割だったのです。

しかしその後、状況が大きく変わりました。毎年、新たに対応すべきテーマが現場組織とマネジャーに加わってきているのです。

たとえば2016年頃から政府主導で始まった働き方改革によって、仕事の仕方が変わりました。私は2020年以降のコロナ禍よりも、この働き方改革のほうが企業・組織の働き方の意識に大きなインパクトを与えた出来事だと認識しています。働き方、人の育て方、仕事での人との関わり方などが、それまでとはまったく異なる方向に進んでいく感覚

図1-1 2010年ごろまでの人と組織の好循環

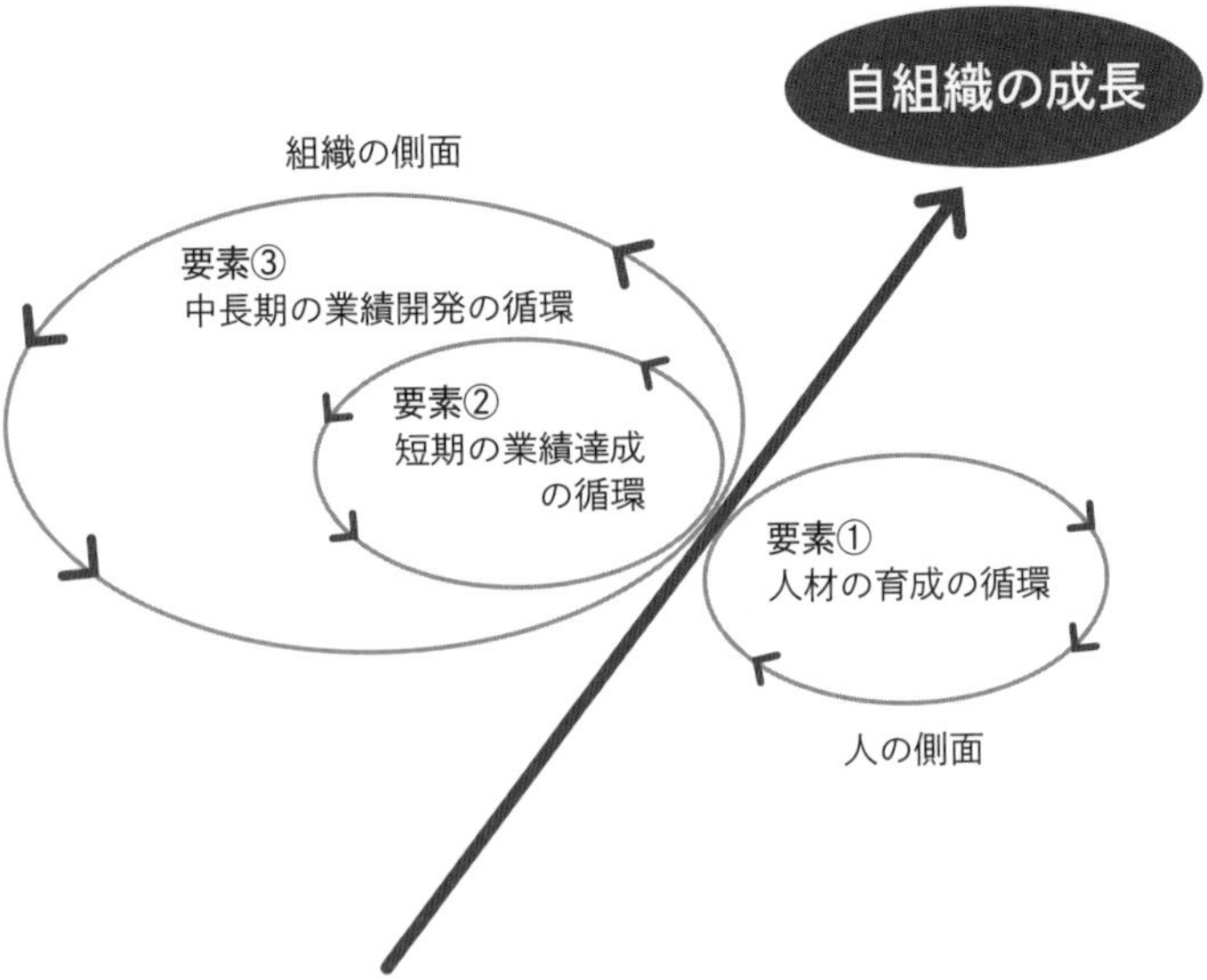

・仕事が増える
・メンバーがアサインされる
・集まったメンバーは経験（量・質の難易度）を積む
・経験を通じてメンバーの能力が開発される
・共創や影響を与え合いチーム力が高まる
・短期の業績目標を達成する
・中長期の業績も育っていく

人と組織が相互に関連し合って
成長していくという好循環

が現場で生まれたように感じています。過剰な長時間労働や残業が抑制されるようになったことはよいことではありますが、一方で業務の配分に、より注意が必要になりました。一つひとつの仕事に効率性が厳しく求められ、その反作用で重要な仕事や人の育成に十分な時間がかけられないという時代に入ったのです。

業務のデジタル化が進み、仕事間の連携スピードが年々早くなって、人が担当するタスクにもスピードが求められてきています。一方で、「コンプライアンス」「情報セキュリティ」など、組織の管理面での強化が進み、スピードと丁寧さの両立も要請されています。これらの変化にはメリットも大きいのですが、職場の関係性という面では、マネジャーとメンバー、メンバー同士が接する物理的な時間が減少しました。

近年では、働く人の価値観が変わり、個人主義的になって組織意識が薄れている傾向もあります。その意識の変化に一気に拍車がかかったのはこの働き方改革の時期だったというのが、現場を育成の観点で見続けてきた私の認識です。この時期からひとつ、マネジメントの難易度が上がりました。

人のマネジメントや成長支援で言えば、「対話」が重視されるようになりました。一方的なトップダウンや指示命令では人は動かないということが、広く日本企業の職場で認識されるようになり、個々の価値観や多様性を尊重した対話や関わりが意識されるようになったのです。組織の進む方向性や組織風土と、メンバーの働き方のスタイルやキャリア観などが合わないことで、メンバーとマネジャーの対話が持たれる場合も増えてきたのではないでしょうか。

コロナ禍以降はリモートワークが広まり、多くの職場で物理的に離れた場所での協働やマネジメントが行われるようになりました。

これだけ多くの事象が10年の間に組織に浸透してきて、マネジャーはそのすべてに対する対応を責任者として推進しています。10年前の、業績と人の成長を好循環させやすかった状況から比べると、非常に複雑になっていることがご理解いただけるでしょう。

つまり、マネジャーは業績の達成（短期・中長期）、人材の育成、心身のコンディションの管理、組織コンディションの良好化、働き方や働く場所の変化への対応、業務スピードの継続的アップ、業務管理品質の向上、人員削減などの効率性の追求等々、あらゆることに対応しなければならなくなったということです。しかも、難しいのは、対応が求められる事柄が多いだけではなく、これらのいくつかの要素はトレード・オフの関係にあります。喩えていうなら、アクセルとブレーキを同時に踏んだ状態、またはコントロールレ

図1-2 マネジャーが対応しなくてはならないイシューが増えている

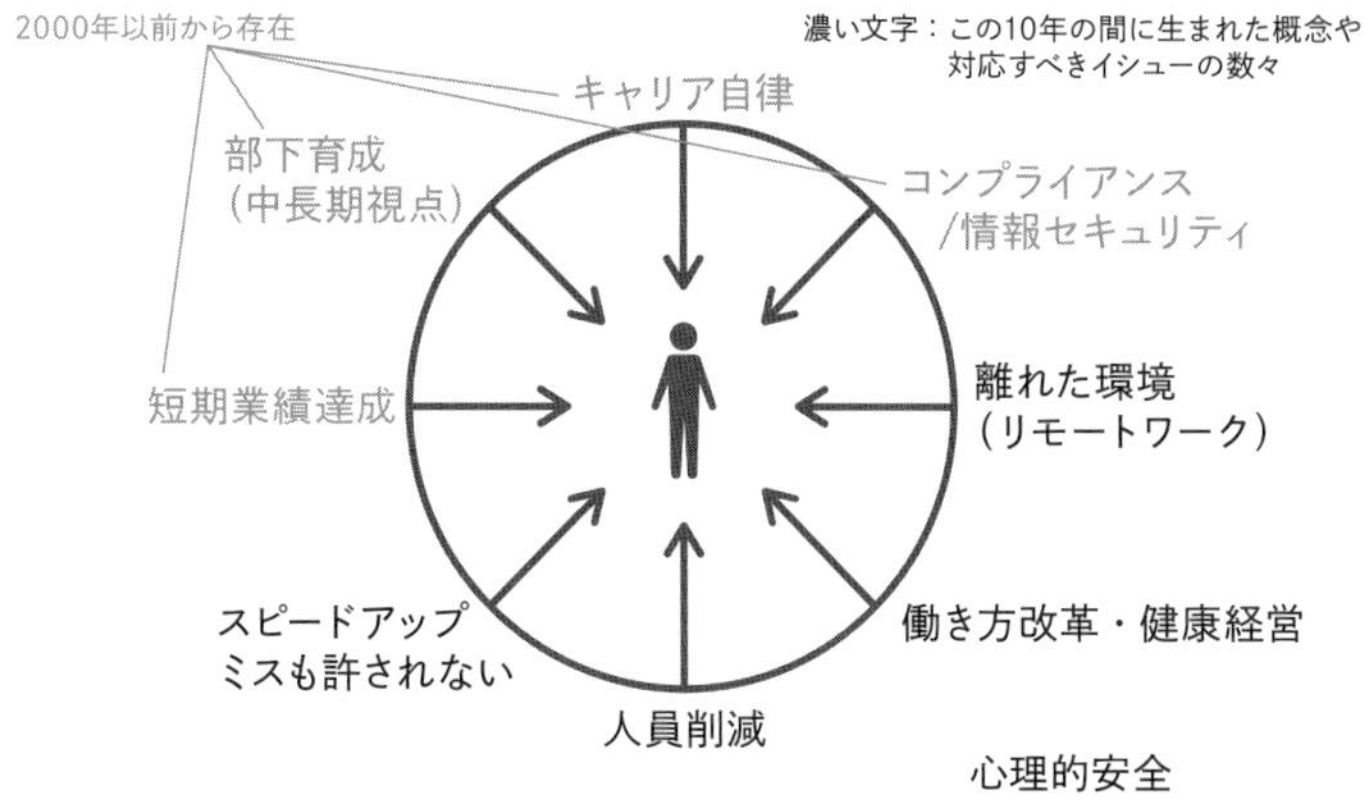

バーを、緊張した手で同時に数本引き続けるような状態が長く続いているといえます。

すべては環境の変化や技術の進化によって生まれている事象やイシューです。一つひとつは、組織や人間社会の理想に向かった変化であるにはあるのですが、これら一つひとつが一斉にマネジャーに迫ってきている（**図1－2**）。ある意味、「人が扱える事象」の限界まで来ている状況ではないかと私は考えます。

そうした上司の苦労を見ているせいなのか、「マネジャーになりたくない」という若手・中堅社員の声も近年多く、「マネジャー候補者が少ない」ことが企業の課題の一つになっています。かつてマネジャーは、ロールモデルや憧れの対象でしたが、今は組織をまとめる立場になるよりも「専門性を伸ばしたい」というニーズが増えている傾向にあります。このような状況でマネジャーの皆さんは、組織からしたら我儘に見えなくもないことを言うメンバーに対しても、きめ細やかな気配りで励まし、組織を支えているという状況ではないでしょうか。

ここまで説明して来たように、明らかにマネジャーが対応すべきイシューが10年ほど前より増えています。仕事のさまざまなことが思い通りにならなくてストレスや疲れがたまるのも無理もない話なのです。

とにかく時間に追われ、気がかりなことが常に頭の中にあり、睡眠時間も短い——。こんな状況では疲れの影響で認知の歪みが生じ、言動の安定性も損なわれることになります。たとえば、他者の意見や情報を否定的に受け取ったり、ストレスがかかる状況に対して、無自覚な恐れの感情が引き金になって過剰に強気な判断や高圧的な発言をしてしまうこともあるでしょう。皆と気持ちよく仕事をしたい、相手の意見や姿勢を尊重したい、と頭では思っていても、実際には肯定的な態度や言動が取れず、あとになって後悔した、ということも出てくるかもしれません。

日常のマネジメントの中で、こうした大なり小なりの失敗や、後悔した経験は、誰もが持っているはずです。マネジメントの父と呼ばれるP・F・ドラッカー氏は「まず自分をマネジメントできなければ、他者をマネジメントすることはできない」という言葉を残しています。まさにマネジャーの心身が安定していなければ、他者のマネジメントもおぼつかないということです。

私たちは日々、瞬間瞬間に起こる出来事に対して、置かれた「自分の外で起こっている状況」を、なんとか理想的な、よりよい状況にしたいと知恵や経験を駆使して変化させようとします。しかし実は、その外側の状況の受け止め方自体に認知のズレが起きていたり、慢性的な疲れから、自分の癖ともいえる望まない思考や行動を無自覚に繰り返してしまうことがあります。そして、その積み重ねが、メンバーとの心理的な距離感を生み出したり、お互いの過度な気遣いにつながっていることがあります。

2 自己・他者の「観察」が起こせる変化

マネジャーの皆さんが置かれている困難な状況や、部下との対話や関係性を変えていくために役立つのが、本書のテーマである自分と他者の心身の「観察」です。ここでいう観察とは、**自己と他者を知り、身体感覚・思考・感情を体験的に捉えること**。外側から冷静に見る、というよりも、**「内面で起こっている状況に気づく」**ことを意味します。自己と他者の観察ができるようになると、以下のような変化を起こすことができます。

観察によって起こせる変化❶

自分の言動のパターンに気づき、不本意な結果を避けることができる

自己を観察し、自分の状態を常に理解することによって、瞬間的、無意識的にやってしまう「反応的なパターン」に気づいて、それまでとは異なる思考や行動を選択できるようになります。たとえば、不利な状況に立たされるといつも感情的、あるいは回避的な態度を取っていた人が、すぐに自分の置かれた状況を理解して、周囲のアドバイスを求めたり受け入れたりするようになります。

実際、多くのビジネスパーソンは気づかないところで自分の感情や、身体感覚に本当に大きな影響を受けています。その影響や、結果を引き起こしている自分の癖やパターンに気づけていないために、不本意な結果や思いに陥っています。たとえば次のようなことはないでしょうか。

〈職場における失敗例〉

- メンバーとの1on1で落とし所を意識し過ぎて、ほとんど自分が話してしまう
- メンバーに細かく指示・命令をしたり、言動を監視してしまう
- 何かを我慢しようとしたときに、つい余計な一言が出てしまう
- 取引先からの無理な要求を、労力がかかるとわかっていながら引き受けてしまう
- 他者に威圧的な態度を取るメンバーに適切に指導できず、そのままにしてしまう

こうした失敗が起きてしまうのは「(自己) 観察」ができていない結果といえます。次々と難題やタスクが降りかかる中では無理もないことです。ただでさえ自分の感情や身体感覚に気づきにくい状況の中で、思考をフル回転させているため、さらに気づきにくくなっているのです。

不本意な結果や、よくしてしまう失敗パターンを避けるためには、「身体感覚」「思考」「感情」を注視することを習慣化します。そうすることで、まず自分が日常の意思決定や行動において、いかに身体や感情の影響を受けているのかに気づくようになります。そこに気づけたら次の段階として、不本意な結果が起きる前にその場で気づいて修正したり、望んだ結果に近づけるような選択ができるようになります。

観察によって起こせる変化❷

自分を大事にできるようになり、他者との時間も心地よいものになる

自己の観察に慣れてくると、自分自身を、以前よりも大事に扱うようになっていきます。疲れやストレスの蓄積に気づき、いかにそれが日常の思考や判断、アウトプットの質を下げているかということにも気づくからです。休息時間を確保できない場合でも、自分の疲労や消耗を自覚し、日常の中で少しでも回復できるよう努めるようになります（短い休憩や気分転換の時間を小刻みに確保する、ランチをリラックスできる空間でとるなど）。

自分の状況にまず気づき、柔らかい、心地よい心身の状態をできるだけ持続させられるようになれば、緊張が少しずつ和らいでいきますし、他の人の状態にも気づきやすくなっていきます。狭まっていた視界も広くなり、態度の柔軟性が増します。その結果、寛容で心地よい、安心できる対話の空間をつくれるようになっていきます。たとえばメンバーとの会話でも、相手の非を正そうとする前提の問題解決型の会話だけではなく、相手の行動を認めて感謝したり、相手に優しさを向けて、モチベーションにつながるような声かけができたり、日常的に冗談を言えたりするようになります。「話しているだけで気が楽になった」「話したら、少し気持ちが前向きになった」という感想が出てくるような、一緒にいると安心感が高まる関係性が築けるようになっていきます。

「自分に対して優しく、相手に対しても寛容に、では仕事の生産性が落ちるのではないか」と思われる方もいるでしょう。しかしながら、この状況がしっかり保てるようであれば、その心配は無用です。スピードが求められ、顧客や社内からの評価の目が厳しくなりがちな現代のビジネスシーンは、いわゆる「心理的安全」な状態が実現しにくい状況です。仕事を進める上で警戒・防衛的、ときに攻撃的な態度で臨む姿勢が促進される環境といえます。無自覚にその環境に身を置いているだけでは、不要な心配、余計な準備、対立的な関係性や不信が生じて、不協和音の連鎖が永遠に続いていってしまいます。それは無駄な動きや心理的なストレスが多く、一向に安心できない悪循環な状態といえるでしょう。

対して、「自分と他人に優しく寛容である」という態度が組織内で浸透すると、不要な心配や余計な準備、対立は徐々になくなっていきます。これは失敗に寛容になるというよりも、失敗の予兆が見えた時点で気軽な声かけや助け合いが起こるようになるからです。自分を大切にすることが他者への寛容さに結びつき、関係が心地よくなって組織の柔軟性が生まれます。その柔軟で安心できる状況が前向きなチャレンジやトライ＆エラーを生み、最終的に成果につながっていく、という望ましい連鎖が生まれます。

観察によって起こせる変化③

他者の心の奥底にある望みを知り、心の距離を縮められる

自分を観察・理解し、自分を大切にする経験が積み重なると、徐々に他者の状態・状況への理解も高まります。自分の内面を観ていく経験を積むことによって、相手の思考や感情などを〝見立てられる〟ようになるのです。自分を観るときと同じ姿勢、同じような深さで相手の言動や、奥底にある意図について理解が進み、受け取りやすくなります。

すると、相手の言葉には出ていない、

- 身体（目の輝き、肩の力み、浅い・深い・弱々しい呼吸など）
- 感情（怒り、恐れ、不安、悲しみ、喜び、安心感など）
- 思考や真のニーズ（安心したい・守りたいと思っていること、信頼したい・してほしい、理解したい・してほしいことなど）

が想像できたり、わかるようになっていきます。

もちろん、実際に相手になってみないと、相手の状態を完全にわかることはできません。しかし、こうした、相手の心の奥底にあるものを意識するようになると、相手に対するあなたの声かけや目線が変化したり、相手の想いや状況について対話をするようになり、徐々に心の距離が近づいていきます。すると今度は、自分の考えていることや気持ちをあ

なたも隠さずに話す機会が徐々に増え、お互いにオープンな態度でいられるようになっていきます。

観察の積み重ねで、「今の体験の質」が上がっていく

「観察によって起こせる変化」の①②③が積み重なれば、忙しい日々の中でも、瞬間瞬間に、外の状況や他者と自分の内面をしっかりと観ることができ、意志を持って状況に対応した行動が選択できるようになっていきます。そうすると、日々の仕事の煩雑さが徐々に減って、取り組むべき内容へ集中できるようになります。私はこれを「今の体験の質が上がっていく」ことだと解釈しています。

なぜなら、「今」というのは「過去の出来事・選択・決定の結果」だからです。本来マネジャーが携わるべき中長期に向けた構想や、本当に今すべき重要なことなどに、常に集中できていれば問題はないのですが、実際のところ、重要度は低いものの緊急度の高い案件への対応や、突発的なトラブル対応のウエイトが高くなっているのではないでしょうか。そして、「案件やトラブルが起こるのだから仕方ない」と思っているかもしれませんが、実はその状況は、自身の観察を起点に変えることができるのです。

観察で起こせる変化①で紹介したように、自分の状態に気づけば、不用意な言動、余分な警戒などが減っていきます。また、②③などの変化・改善によって、相手の置かれた状況についての〝見立て〟の食い違いなども減っていきます。都合の悪いことであってもお互いに相手に伝えやすくなり、チーム内で修正がされやすくなっていきます。

今の状態（自分の外側の状況、内面の状態）に気づけるようになると、受け止め方の歪みも減って、他人とのやりとりも円滑になり、ミスや食い違いなどの望ましくない事象をそもそも発生させないようにしていけるのです。

メンタルヘルスの面でも重要

自分と他者を観察する、ということは、心のケアを行う面でもとても重要な意味を持ちます。日本企業の職場において、働く人のケアは年々重要度を増しています。皆さんもチームメンバーの心（身）のコンディションには常に気を配っていることでしょう。

しかし、「調子はどう?」「大丈夫?」と訊かれて、素直に困っていることを話せる人と話せない人がいます。実際、マネジャーと部下に聞いたある調査で、マネジャーの45・5%が「上司として部下のメンタルヘルスを把握できている」と回答したのに対し、メンバーで「上司は自分のメンタルヘルスを把握できている」と回答したのは27・6％と、17・9％のギャップがあります（『組織マネジメントの実態調査レポート』パーソルホールディングス株式会社、2021年）。メンバーのメンタルヘルスの実情を把握することは容易ではないようです。

しかし、他者の観察の仕方を理解したうえでメンバーを観察すれば、不調の兆候をつかめる可能性が高まります。また、観察してわかったこと、想像したことを踏まえて相手と対話をすれば心を開いてもらいやすくなり、メンタル不全を防ぐ手立ても講じやすくなります。メンバーのメンタルヘルスが深刻な状況に陥って、専門家に頼らざるを得なくなる前に、本書の内容は助けになるはずです。

安心と一体感のある組織へ

現代のマネジメントの困難さと、その困難さを乗り越える鍵は自己と他者の「観察」であることをお伝えしてきました。この観察は、多くのマネジャーの願いを叶える可能性を秘めています。

というのも、私は企業の人材育成の立場にあったときから、たくさんのマネジャーの皆さんと話をしてきましたが、その中で多く話題にのぼった、マネジャーの、切実な願いがあります。それは、メンバーと気持ちでつながり、「組織の一体感」を醸成したいということです。もちろん、その大目的は組織のビジョンや目標達成に近づく、ということでしょう。しかし、そのことよりも、メンバー一人ひとりが安心して仕事をして、同じ方向を目指したり、同じ方向に向かってともにつながり、認め合うという状態を強く求めていることを、話の中で感じてきました。

ただ、今日の職場に組織の一体感を醸成することはなかなか難しい状況です。一人ひとりの仕事の価値観、働き方が多様化し、「個人化（個人主義）」も進んでいるからです。しかし、組織最適より自分を優先したり、粘り強さより効率性を大切にするように見える今の若手にも、悩みや言い分があります。環境の変化に応じて仕事の進め方が変化し、同時に個人のキャリア観が変化していることが関係しています（図1－3）。彼らは、「今後のキャリアの選択の可能性を無限に感じる」一方、「不安も感じる」といったキャリア観を持っています。不安とは、キャリアの方向感が見えず、日々重ねている経験やスキルにも、今後の自分のキャリアを支えてくれそうな手応えが感じられず、いつ陳腐化するかわからない、といったものです。一緒に仕事をする先輩も限られており、目指す姿が組織内に見つからない人も少なくないはずです。異なる仕事をして、一緒にいる時間も減って、

図1-3 職場や個人のキャリア観・成長イメージの変化

〈かつて（10～20年前）〉 ー今と比べて安定した環境ー		〈今・これから〉 ー変動性が高まった環境ー
同じ職種では 皆が同じ仕事をしていた	→	同じ職種でも皆、異なる仕事 （同僚であっても隣の人の仕事が 理解・把握できない）
経験豊富な人を模倣する キャリア観	→	専門性・スキルを 磨き上げるキャリア観
会社の中で ステップアップする 成長イメージ	→	社外でのキャリアも 視野に入れ 価値を高め続ける 成長イメージ
人一倍仕事を経験して 頑張ることが成長を加速	→	良質な体験と 学び・意義・尊敬する人と のつながりを大切に
将来予測がある程度可能 安心できる環境で 経験を積み切り拓く というキャリア観	→	自分の可能性は感じるが 方向感、手応えがない 漠然とした不安がある キャリア感

キャリアの方向性も組織内にない。でも、不安の払しょくのために早く成長したい、といった焦りもあります。

彼らの個人主義の姿勢に、マネジャーとしては寂しさを感じるかもしれません。しかし環境変化が大きく、今の仕事や将来、キャリアに関して不安があるために、組織だけに身をゆだねず、キャリアアップを考えているがゆえの個人主義なのです。そしてこの不安はなかなか解消されるものではありません。このような状況に対して、かつてのような物理的、空間的に一緒に働く時間を増やすといった、時代に逆行するようなマネジメントもできません。

しかし、マネジャーが自己と他者を観察することから始めれば、彼らとの心の距離を縮めることができ、職場に失われている「安心感」や「一体感」を形づくれる可能性も高まるのです。

観察は実際どのようにするのか

冒頭の本章では、マネジャーに自己・他者観察が必要になっている背景や、観察によってどんな変化を起こせるのかを解説しました。次の章から、実践のベースとなる理論や方法について述べていきます。「自分と他者の心身の観察」なんて難しそう、と思われるかもしれませんが、それが、驚くほど簡単に感じられる理論があるので、カタく考えずに楽しんでいただければと思います。本書で提案するのは、身体と心の両面を、主観的、体験的に捉える方法で、どちらかというと「身体」を先に観察していく考え方です。

近年、マネジメントに関する書籍には、人の感情に注目するものが増えてきましたが、「身体」を扱うということが、本書の大きな特徴です。この「身体」とは、「神経」を指します。自律神経に関する理論をベースに、企業でビジネスの現場を支える皆さんにとって、現場でよく遭遇しがちなケースを交えながら、観察の方法や観察後の対処法などを紹介していきます。

第2章

何を、どうやって観察するのか？

自律神経の学説「ポリヴェーガル理論」と観察

本章では、本書のメインテーマである、自己と他者の「観察」の全体像をお伝えします。
その前にまずは、とあるマネジャーAさんの1日の流れを見てみましょう。各行の文末に
［　］で漢字が記載されていますが、そちらはいったん無視して読んでみてください。

【マネジャーAさんのある1日】

5：30　起床・シャワー
6：00　電車に乗って通勤。好きな音楽を聴きながら［緑］
　　　通勤中に新聞やスマートフォンでビジネスニュースをチェック［赤］
7：15　会社に到着し、メールとスケジュールをチェック（朝食を食べながら）［赤］
7：25　メンバーから受け取った社内説明会の資料スライドを修正［赤］
8：15　作業中断・メンバーから前日に起きたトラブルについて報告・相談を受け

る［強い赤］

8：30　朝礼で日課の業務報告と計画の共有［赤］

9：00　会議やプレゼン（連続して3件）［緑］＋［赤］時々［赤］

11：15　外部からの来客を迎える［緑］＋［赤］

12：15　昼食はデスクで済ませる・隣のメンバーとの短い雑談も［緑］＋［青］

12：45　午後からの資料のチェック［赤］

12：55　会議やプロジェクトに集中［赤］

14：15　部下からの問い合わせや報告書を処理［赤］

15：50　突発的な問題に対応し、予定が狂う［強い赤］

16：30　夕方の会議で部下に指示やフィードバック［緑］＋［赤］時々［赤］

17：30　会社の業績や目標について月次報告書を作成［赤］

20：30　仕事が終わらず、夕食をオフィス近くの飲食店で済ませる（一息）［青］

22：00　報告書やプロジェクトの進捗を確認［赤］

22：30　メールの返信や連絡を処理［赤］

23：10　予定の見直しと翌日のスケジュールを調整［赤］

24：10　タクシーで帰宅・仕事の進捗を振り返りつつも途中で寝落ち［青］

このようなスケジュール、いかがでしょうか？　「そうそう、毎日このような感じ」「自分のほうが忙しい」、「ピークのときは同じ」など、いろいろな感想があると思います。

では、この流れの中で、Aさんの身体と心はどんな状態にあると思われるでしょうか？

■疲れている
■心から休まる休憩時間がなさそう
■緊張している時間が長い

などでしょうか。

さらにお聞きします。マネジャーAさんは、こういった状況に自覚的でしょうか？

■自覚的だ
■自覚的ではない
■薄々自覚しているが、自覚したところで辛いだけだ……

など、さまざまな意見がありそうですね。とにかく、この状況が続くことで、マネジメントの精度は下がりそうですし、心身の健康も脅かされそうです。

前章で述べたとおり、「マネジメント：プレイヤー」の比率が非常に高くなっているマネジャーも少なくありません。その状況を、自己と他者の観察と調整によって変化させていくこと、観察に基づいた対話を重ねることによってメンバーとの協働が円滑になり、状況を好転させる方法をお伝えしていくことが、本書の一番大切なメッセージです。

それでは、自己と他者の観察の方法について概観しましょう。本書では、自律神経系の学説「ポリヴェーガル理論」を参照して観察を行います。

1 ポリヴェーガル理論とは？

自律神経の状態を３つに整理

多くのビジネスパーソンは、新入社員の頃から、「客観的に」「頭（思考）を使って」物事や１日を振り返ることを教わります。しかし、本書では「主観的に」「身体と心を観察」して振り返ることをお勧めします。

「身体と心を観察する」うえで大事になるのが、自律神経です。自律神経は、身体に張りめぐらされたネットワークであり、意志とは無関係に働き体内をベストな状態に保ち続ける神経全体の総称です。この自律神経の作用や反応に対して意識的、自覚的であることが、「主観的に身体を観察する」ということになります。日常生活において、「身体を意識する」「身体感覚を感じる」経験、時間を増やすことがそのスタートです。

自律神経系に関する学説で、「ポリヴェーガル理論」というものがあります。「ポリヴェーガル」とは「poly 多重＋vagal 迷走神経」の意味であり、米国の神経生理学者のスティーブン・ポージェス博士によって1994年に提唱されました。自律神経には大きく分けて3種あり、その3つがバランスよく発達していることが望ましいとされます。この理論はトラウマケアなどに使われており、身体を扱う専門家、セラピスト、臨床心理学者などが参照し、組織開発やコーチングなどに携わるビジネス分野の実務家たちにも注目され始めています。本書では、難解と言われるこの理論を平易に紹介します。特に、実際にビジネスシーンで活用できるよう、実践的に学べる内容に翻訳しています※1。

※1 心療内科で臨床心理士・作業療法士として活動する株式会社D・M・Wの吉里恒昭氏・八谷隆之氏が、専門的な視点、日常生活への応用に関する臨床的な視点で監修している。

ポリヴェーガル理論による新たな発見

ポリヴェーガル理論について、もう少し説明しておきましょう。この理論が提唱される以前まで、自律神経について一般的に理解されてきたことには以下が挙げられます。

- 自律神経は全身のほとんどの器官を支配していて、意識ではコントロールできない
- 自律神経には、「交感神経」と「副交感神経」の2つがある

- 生命の危機に瀕した際、交感神経が優位になって、身体が自ら身を守る状態になる
- 副交感神経が優位になることで、健康・成長・休息や回復をサポートする
- 多くの場合、交感神経は「アクセル」、副交感神経は「ブレーキ」の働きをする
- 交感神経優位の状態が慢性的に続くと、不調の原因になる

特に、「アクセル」、「ブレーキ」という2つの機能について、なんとなく聞いたことがあるのではないでしょうか。

ポリヴェーガル理論は、これらの考え方に対して新たな発見を加えました。それは、「副交感神経には2つの神経の領域と働きがある」※2ということです。2つとは「防衛反応を抑制する（急ブレーキ）反応」と「社会的な関わりを築き維持する（緩やかなブレーキ）反応」があるということです（**図2－1**）。それ以前は、単に「ブレーキ」とだけ理解されてきましたが、この考え方を塗り替えるものです。

自律神経には3つの状態、つまり「アクセル」「急ブレーキ」「緩やかなブレーキ」があると整理されたことで、たとえば身の危険を感じる瞬間にも関わらず身体が固まって動けない現象が医学的に説明されるようになりました。もちろん、ビジネス現場の瞬間瞬間に起こる出来事や、自分や他者のマネジメントを推し進める上でも非常に有効な捉え方で、

図2-1 従来の自律神経理論とポリヴェーガル理論の違い（カラー版P.3）

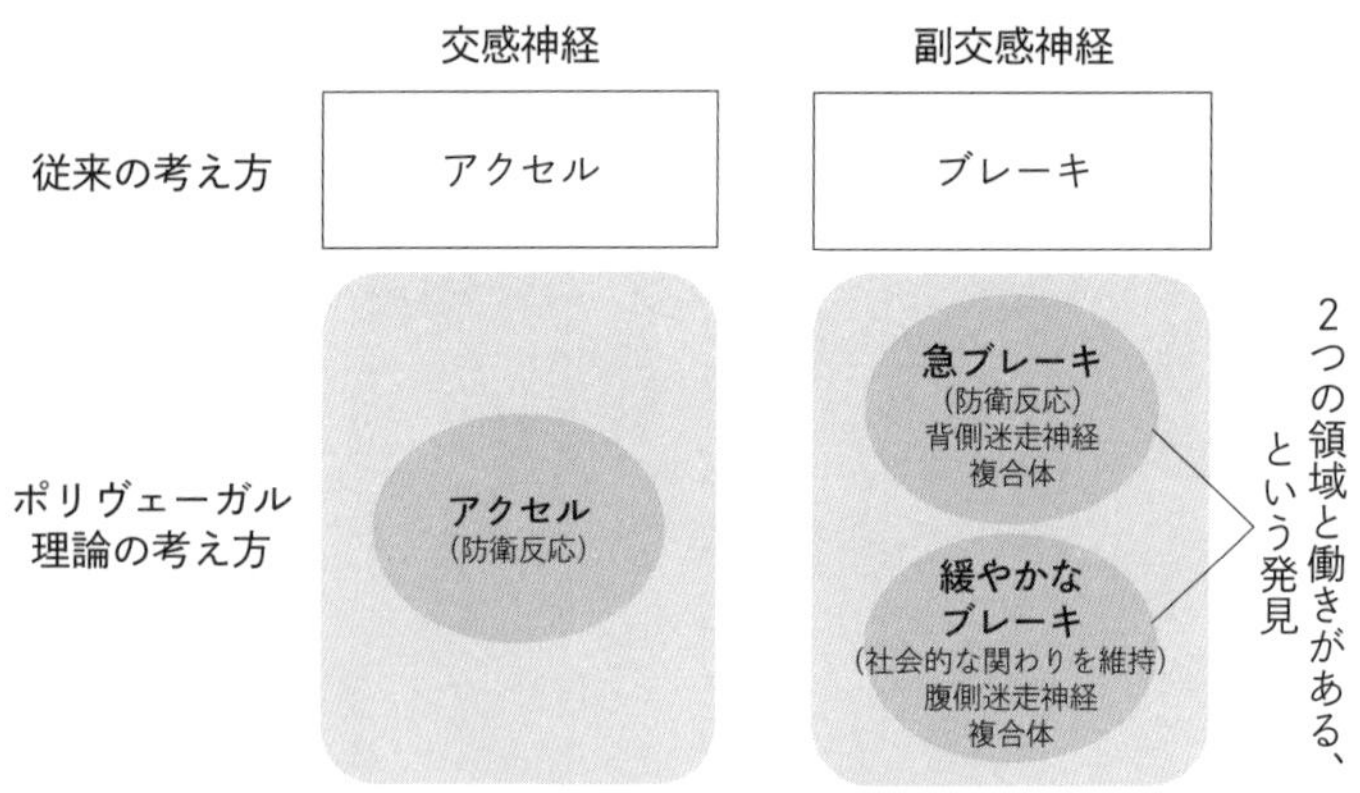

本書で提案する「観察」とは、自分や他者がこの3つの状態のうち、どの状態にあるかを観察し、その状態を受け入れることです。

※2　ポージェス博士は、迷走神経（ヴェーガル）を2種類の機能に分類・整理した。迷走神経は副交感神経の約8割を占めている神経である。本書ではわかりやすさを重視するために便宜的に「副交感神経を2つに分けた」と表記する。

2 赤・青・緑の3色のモード

自律神経の働きを3つに整理したポリヴェーガル理論は、幅広い領域の実践者から注目を集めていますが、一方で難解といわれています。そこで本書では、公認心理師の四葉さわこ氏が考案された、3つのモードをシンプルに赤・

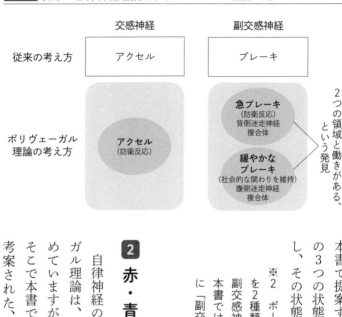

青・緑の３色で表す方法を紹介します。本章ではこれら３色について簡単に触れ、続く第３、４、５章で詳細に解説していきます（Ｐ59**表２－１**、**図２－２**、カラー版Ｐ３、４も参照）。

①赤のモード（アクセル：闘う／逃げる）

最初のモードは、交感神経の領域です。危険な相手や状況に遭遇したとき、私たちの身体は意識せずとも「闘う身体」、あるいは「逃げる身体」になります。この状態を本書では「赤のモード」と呼びます。赤はアクティブ、闘争心、達成感など活発なイメージのある色です。身体が活発になって呼吸や血流が早まる興奮した状態です。

威嚇する猫の様子を思い出してください。何か脅威を目の前にした猫は、毛と爪を立て、相手を睨みつけて凝視します。すべての注意が脅威に注がれていて戦闘態勢。このような「過覚醒」の状態を、本書では赤で表します。呼吸が浅くて心拍数が高い状態です。全身に緊張感や力みがあることが多く、勝算があるとみなせば攻撃しますし、自分のほうが不利とみなせば対決を回避すべく、逃げることを選択します。

iStock/yhelfman

赤のモードはこのように、危険な状況に対応した状態で、身体に力が入って血流も多く、エネルギーを非常に消費する状態といえます。どのようにでもすぐに動ける状態ですが、長くは続きません。長く続けば体力を消耗し、疲れやストレスによってダウンする状態に移行します。この「ダウンする」という状態が、次に紹介する「青のモード」です。

②青のモード（急ブレーキ：固まる／動けなくなる）

2番目のモードは、副交感神経の〝背側〟迷走神経複合体が働いた状態です。自分にはどうにもならないくらいの脅威（敵や状況）に遭遇したときに、意識とは別に、固まって静止し、まるで死んだような状態になります。この状態を本書では「青のモード」と呼びます。青は静か、鎮静など動きのないイメージを持つ色です。

猫でいえば、激しく驚いた状態で、部屋や通路の隅に身を隠したりしていることでしょう。瞳孔が閉じて黒目は見えないか小さくなり、まったく動かずぴたっと止まっています。思考も止まっていて、意識は外に対する注意から反転して、内側に向いています。エネルギーは省エネ状態。このような「低覚醒」の状態を、青で表します。小さく

iStock/David_Bokuchava

浅い呼吸になり、筋肉の緊張は緩んで、力なく存在します。

多くの野生動物が「死んだふり」をしますが、死んだような状態は敵からは狙われにくく、生存確率が高まるからだといいます。「固まる／動けなくなる」モードは、生命の本能に根ざした、生き延びるための戦略といえるのです。

③緑のモード（緩やかなブレーキ：安心する／つながる）

3番目は、副交感神経のもう1つの領域、〝腹側〟迷走神経複合体が働いた状態で、仲間や自然とつながるためのモードです。これも猫を想像しましょう。飼い主が猫を膝の上で撫でると、猫は気持ち良さそうな顔をして、全身の力を抜いてくつろぎます。呼吸もゆったりとして柔らかく、身を委ねて、ゴロゴロと喉を鳴らしていることでしょう。飼い主もつい長時間、撫で続けてしまうような、心地よい状態です。こうした際の身体の状態を、本書では「緑のモード」と呼びます。

緑は調和、安全、落ち着き、ポジティブさなどのイメージを持つ色です。

iStock/martin-dm

緑のモードは、進化の過程において哺乳類以降の生物に備わった性質です。哺乳類は群れをなして集団で命を守り、生き延びていくのです。そのために、「安心」「安全」「一体

感」などを仲間同士で「表情」「声」「身体のぬくもりや心拍数」などで身体的に示し合っ

て形成していきます。

モードは一瞬のうちに移り変わる

身体の3色のモードの、大体のイメージはつかんでいただけたのではと思います。ここで本章の冒頭にあるマネジャーAさんの1日を見てください。各行の最後の［赤］［青］［緑］は、瞬間瞬間で移り変わる身体の3色のモードの入れ替わりを表したものでした。

［緑］＋［赤］、［緑］＋［青］など2つの組み合わせのような表記もありますが、これは応用編です。第6章で解説しますので、ここでは1色ずつに着目して、各シーンと身体の状態を想像してみてください。自分の日常と近いシーンが想像しやすいでしょう。

赤・青・緑のモードについて、概要を説明しました。まず、自分が今、何色のモードになっているかに気づき、自覚的になることが大切です。3色のモードに整理されていることが、心身の状態を理解するうえで、心強い助けになります。自分のモードの観察を習慣化し、意識すればするほどに、感じる精度も高まっていきます。メンバーなどの他者の状態も、この3色のモードに照らし合わせて観察すると理解しやすくなったり、共感しやす

表2-1 ポリヴェーガル理論　身体の3色のモード　（カラー版 P.3）

モード	赤のモード	青のモード	緑のモード
自律神経	交感神経	副交感神経 （背側迷走神経複合体）	副交感神経 （腹側迷走神経複合体）
状態	アクセル 闘う／逃げる	急ブレーキ 固まる／動けなくなる	緩やかなブレーキ 安心する／つながる
覚醒状態	過覚醒	低覚醒	適切な覚醒
注意	注意は主に 外に向かう	注意は主に 内に向かう	注意は内にも外にも バランス良く向かう
エネルギー	エネルギー消費多	エネルギー消費少	適切なエネルギー消費
ニーズ	問題解決	休息	社会的な（仲間との）関わり くつろぎ・リラックス

図2-2 3色のモードと入れ替わり　（カラー版 P.4）

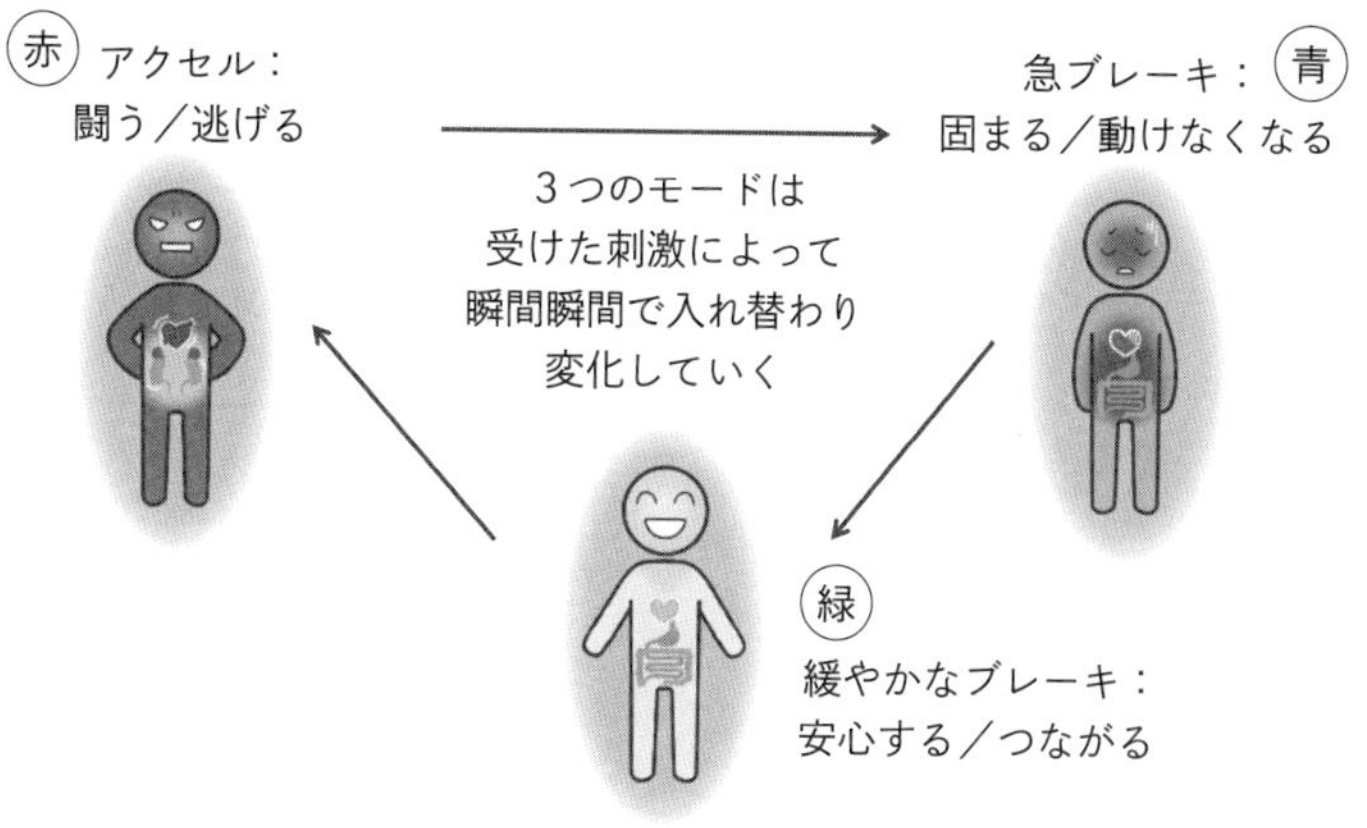

くなっていきます。

3 身体感覚・思考・感情をどのように観察するのか？

次に、これまで少しずつ出てきた「身体感覚」、「思考」、そして「感情」を観るということについて、ここで触れておきます。これらは、それぞれのモードの状態のときに、解像度を上げて（高い精度で）観察できるようになるために重要となります。

①身体感覚（身体反応）

すでに述べたとおり、身体を観察するとは、身体を意識したり、身体の感覚を感じるということを意味します。企業で行われる研修では、「思考」ばかりが意識され、身体の様子を観察するようなトレーニングは、あまり行われていません。仕事は論理的思考などを駆使して頭で考えてするもの、という暗黙の前提があるからなのかもしれません。しかし、身体反応と、反応の結果起こる身体感覚を観察することも、思考と同様か、それ以上に仕事を進めるうえで重要です。

身体感覚は、事が起きるときに素早く生じて、その後に続く思考や感情に影響を与えます。思考は、実は身体の反応の後に起こるものなのです。そのため、身体感覚に気づくことで、無自覚な思考や感情の動きに早く気づくことができます。

具体的には、呼吸の深さや浅さ、速さや遅さ、鼻や喉を通る吸う息、吐く息に関する気づきを得たり、胸やお腹、背中の膨らみ凹み、その動きや、身体のさまざまな部分の温かさや冷たさなどを観察します。また、人と話しているときに、ふと笑顔になったことが自分でもわかったり、胸やお腹がぽかぽかと温かくなってきたりすることもあるでしょう。肩や首の硬さ、柔らかさといった力みや弛緩も重要な感覚です。頭が重い、痛いといった不調も無視しないようにします。目の疲れや頬が硬くなったり、歯を無意識のうちに食いしばっていたり、あるいはお腹が下ったり、胃がキリキリとする嫌な感覚も、大事なシグナルです。

こうした身体感覚は、瞬間瞬間でさまざまな出来事の影響を受けて変化していますので、その変化に気づけるようになること、自覚的になることが自己の観察の基本です。

なお、身体感覚は「心地よいと感じるもの」「心地悪く感じるもの」「どちらでもないもの」に分類でき、後述する思考や感情とつながっています。心地よい感覚は、ポジティブ感情や心地よい状況を再現したいという欲求、思考や行動につながります。また、心地悪い感覚は、ネガティブ感情や心地悪い状況を避けたい欲求に関連する思考や行動につながります。どちらでもない感覚は自覚しにくく、欲求や思考や行動につながりにくく、記憶にも残りにくいものです。

これら3つの身体感覚の違いを知ること、感じられるようになることで、3色のモードの何色の状態に自分や他者が入っているかを知る助けになったり、自分や他者の言動の背景や、本当に望んでいることに気づく助けになります。

忙しいビジネスパーソンはこうした身体感覚に無自覚なことが多く、それだけ思考優位で日常を過ごしていることを心に留めておきましょう。

②思考（考え）

一言で思考と言っても、さまざまなものがあります。時間的観点では、過去の出来事、未来への想像、期待する世界や状態に関する思考。種類でいうなら、映像のようなもの、静止画や絵のようなイメージ、あるいは言葉、頭の中の独り言などがあります。人によっては声（音声）で思考が聞こえています。

また、ずっと1つのことをぐるぐると考え続けていたり、小さなつぶやきのような考えが膨大な量、浮かんでいることもあるでしょう。自分で気づけるものもあれば、そうでないものもたくさんあります。思考が感情に連なって、自分の考えに気づいて楽しくなることもあれば、思考に気づいたことによって落胆したり、自己嫌悪に陥ることもあります。

③感情（気持ち）

ビジネスパーソンは日々思考を鍛えて走り続けています。そのため、多くの人が、自分が本当に望んでいるものや、瞬間瞬間で何を感じているかという「感情（気持ち）」に気づきにくくなっています。特に怒りや涙など、仕事の場面で感情を出すのはビジネスパーソンとして失格、という考え方を持っている人も少なくないでしょう。ただ、どう抑えたとしても、気づけていなくても、感情は瞬間瞬間で生じていて、変化を続けています。感情とは、エネルギーのようなもので、心の動き、衝動です。

普段、あまり意識しないものですが、私たちは日々、本当にさまざまな感情を抱いています。**図2-3**は一部の例です。

１ｏｎ１など上司部下のコミュニケーション機会が増えてきている影響もあり、近年のビジネス書には、対話、関係性とともに感情をテーマとして扱うものが増えてきています。

図2-3 感情の種類

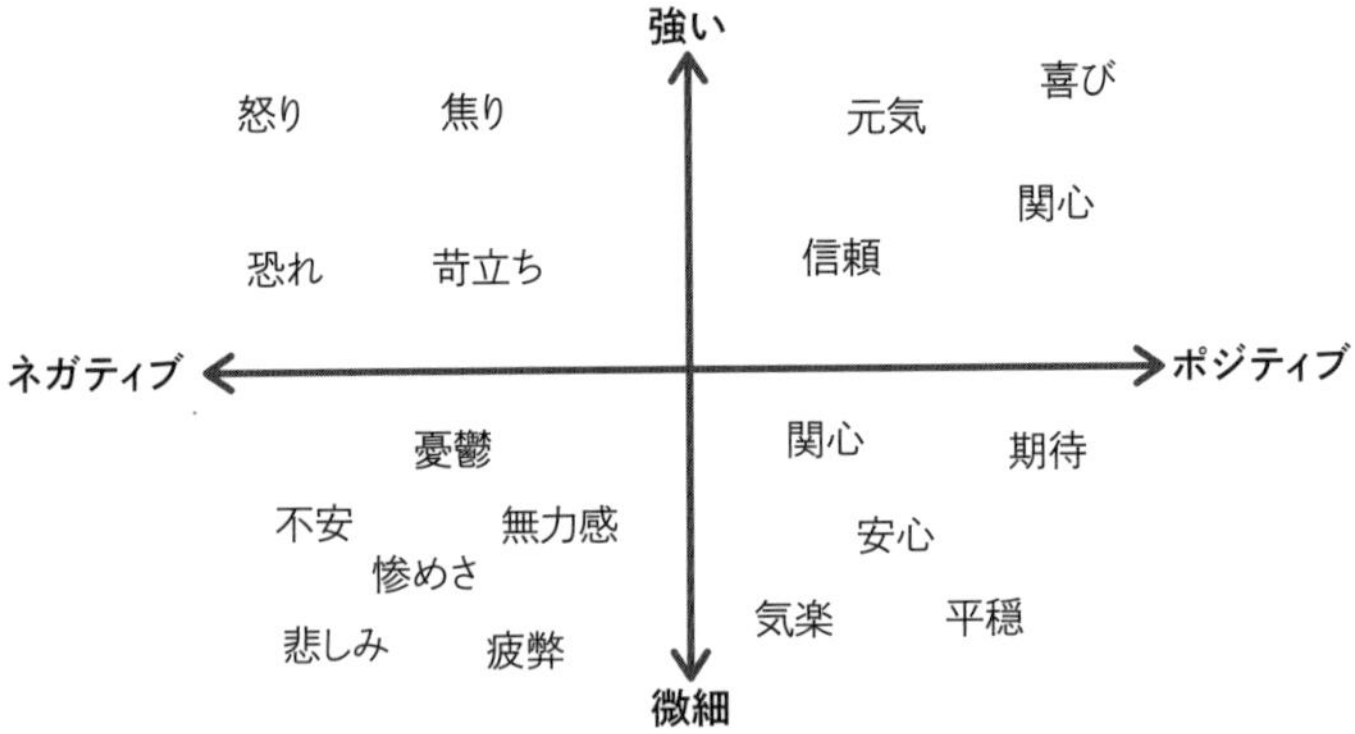

著者による分類・配置

※多数ある感情の分類を目的としたもの。個々の感情の良し悪しを判断・比較するための分類ではない。

感情は本音や共感、そして身体の状態を知らせてくれる大事な情報です。赤・青・緑のモードの把握に続き、ぜひ自分や相手の感情を理解したいものです。

思考は、頭の中の声を実況中継をするようにすると認識できますが、身体感覚や感情は自覚しにくい人が多いようです。ですが、安心してください。練習することで徐々に感じられるようになっていきます。

練習法として最初にお勧めしたいのは、自分の感情や自分の身体感覚を天気に喩えてみるという方法です。晴れ、雨、曇、嵐、大雨でもいいですし、梅雨の間の一瞬の晴天、曇の中の晴れ間など、どんな天気でも構いません。天気に喩えて認識してから、自分の言葉で感情や身体感覚を言葉で表現してみます。いきなり特定しようとするよりも、言葉が出てきやすくなります。

4 身体感覚・思考・感情の連動

連動のパターンを見つける

図2－4を見てください。三角形の上に思考、下の辺に感情、身体感覚があります。有名な「氷山モデル」のように、上部に出ている思考は一般的に観察・自覚しやすく、海面下の感情、身体感覚は感じにくい人が多いことを表しています。また、この3つは相互に関連し合い、連なっています。

たとえば、忘れたい過去の記憶を思い出すと、不快な感覚が胸のあたりで生じたり、悲しさや後悔、自己嫌悪の気持ちが立ち上がってきたりします。未来に対するポジティブなビジョンなどを思い浮かべると胸のあたりが温かくなったり、笑顔で口元が緩んだりするでしょう。一見、関係性が遠そうに思える身体と感情ですが、実は連動しやすく、近い関係性にあるのです。よく意識してみると、ある感情を感じるときに胸が温かく感じたり、別の感情を感じているとき、肩が上がって呼吸が浅くなっている、といったパターンも見

図2-4 気づきの3要素と相互の連動

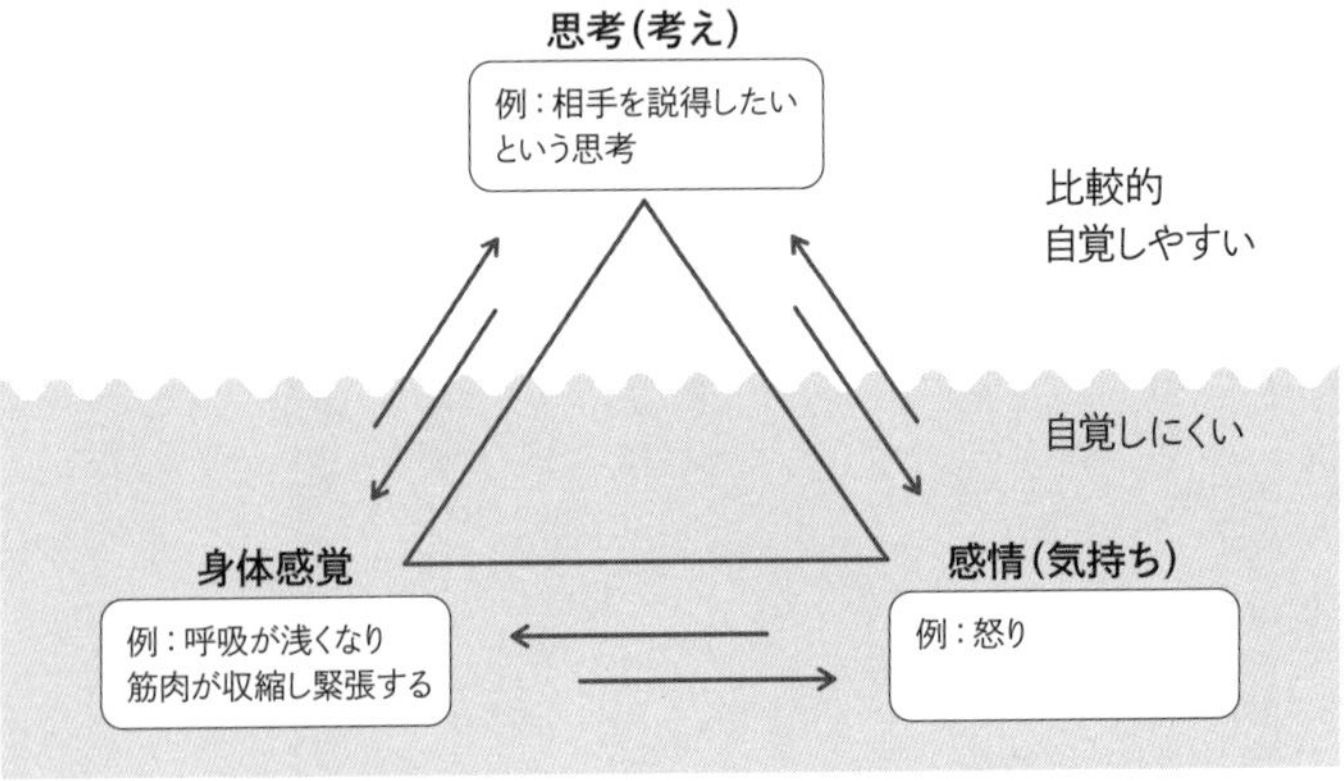

MBSR（マインドフルネスストレス低減法）「気づきの三角形」を参考に著者が補足・作成

つかります。こういったパターンを見つけることも、観察の精度を上げることにつながります。

モードや状態に、まず気づく

整理すると、「観察」では、まず最初に赤・青・緑の3色のうち、今の自分や他者の状態は何色のモードかを感じ、次にそのときの身体感覚・思考・感情に集中して丁寧に、気づけるところを観察していきます。そして、これを繰り返します。特に自分の状態に気づく際、その状態を自ずと「受け入れる」ことになります。慣れてくると、3色のモードを介さずとも身体感覚・思考・感情にダイレクトに気づく機会も増えてくるでしょう。

加えて、赤・青・緑のモードには、それぞ

れに連なって生じていく身体感覚・思考・感情があります。ここでは簡単な紹介にとどめますが、たとえば赤のモードは自分が動くことによって、目の前の相手や状況をコントロールして、自分の何かを守り安心したい、というモードです。身体感覚としては、全身がこわばったり、呼吸や心拍数が早くなり、感情は焦りや恐れ、怒りなどが立ち上がります。青のモードでは、疲れて一人になりたい、どうにもやる気が出ないという消極的な感情が浮上し、身体には力が入らず、だるさ、重さなどを感じたりします。

モードと身体感覚・思考・感情は連動しているため、赤のモードの際に、笑顔を浮かべながら怒ったり、青のモードでいるときに冗談を言いながら楽しそうに笑ったり、緑のモードでくつろぎながら人に辛辣な言葉をかけたりするのは困難です。

また、3色のモードと身体感覚・思考・感情は、自分の意志で生み出しているように感じるかもしれませんが、実際は、身体主導の反応（自動反応）です。私たちは何か繰り返し同じ失敗をしたり、うまくいかないことがあると、自分の思考や性格の問題だと自罰的になったりするのですが、実際には身体の反応が起点になっています。考える以前に始まっていることが多いのです。

さまざまに述べてきましたが、一番お伝えしたいことは、私たちは自分と他者の身体の反応・思考・感情に気づき、その状態を受け入れることができれば、ベストな状態を保ちやすくなり、問題やストレスが山積する状況を変えていけるということです。

5 職場でどう活かすのか？

部下との対話でイライラしたら

ここで、実際に職場でどう観察を活かせるのか、少しだけご紹介しておきましょう。

たとえば、ある日、あるメンバーと2人で打ち合わせしながら、自己を観察する場面。最初は、最近あったことなどの雑談から始めて、冗談を言うなど打ち解けた時間を過ごしました。身体のモードは緑の、リラックスした状態が続いています。しかし、中盤で相手のある発言がきっかけとなって自分の中で身体感覚・思考・感情が変わっていくのがわかりました。緑から赤へと急展開のモードチェンジです。本来穏やかな態度で過ごすべきところを、過去の、その人とのちょっとした出来事が引っかかって、疑いの気持ちや怒りからイライラが生じたことに観察を通じて気づきました。

このような場合、いろいろな対処の方向性がありますが、この後、どうするのが適切と思われるでしょうか？

A　**不快な思いを相手にぶつける**
（あるいは、表には出さずに冷静・論理的に相手を攻撃する）

B　**頭の中で相手を批判したり、攻撃したりする**
（表面的には冷静に振る舞って打ち合わせを続ける）

C　**信頼すべきメンバーだからと、負の感情や思考を抑える**
（過去のことでイライラしている自分を内心責めながら、打ち合わせを続ける）

D　**不快な思いやイライラしている自分に気づき、受け入れる**
（そんな思いやイライラを自分は今、しているんだなあ、と感じる）

まずAの、露骨に不快な態度、攻撃的な態度を取って前から引きずっていたストレスを相手にぶつけるという人は、本書をお読みの方にはいないでしょう。これは赤のモードをそのまま体現してしまった、という状態です。身体にとっては自然なことではあるものの、メンバーとの関係性がこじれてしまいます。攻撃的な態度を前面に出さずに、冷静で論理的に相手の意見や主張をはねのけた場合も、表立ったトラブルには至りませんが、相手が不快に感じていたら後に警戒されたり距離を置かれたりすることになるでしょう。

Ｂ「頭の中で批判・攻撃」を選んだ場合、これ自体は悪いことではありません。しかし、表情や身体、呼吸の状態などから態度が漏れ出て、相手に伝わってしまう可能性が高いでしょう。

心優しいマネジャーは、Ｃの「抑える」を無意識的に選ぶかもしれません。しかし、Ｃもある種、自分の気持ちを抑圧した状態であり、ストレスが蓄積されていきます。長い間この状態を続けると、相手との関係や他の事象に悪影響が出てしまう可能性が高いです。

よって、残るはＤの「受け入れる」です。本書の視点では、こうした姿勢を取ることが大切です。今の自分が経験している状態に気づいて受容する。それだけでいいのです（**図2-5**）。不思議に思われるかもしれませんが、この選択・態度によって、ＡやＢのように怒りが漏れ出ることはありませんし、Ｃのように溜め込むこともなくなります。

詳しくは続く第3～5章で紹介していきますが、すべては自分のモードが何色かに、観

図2-5 自己観察によって刺激からの影響をコントロールできる

自己観察によって、「反発」でも「抑圧」でもなく、「受け入れる」ことができ、
その積み重ねで周囲との関係性が変化していく。

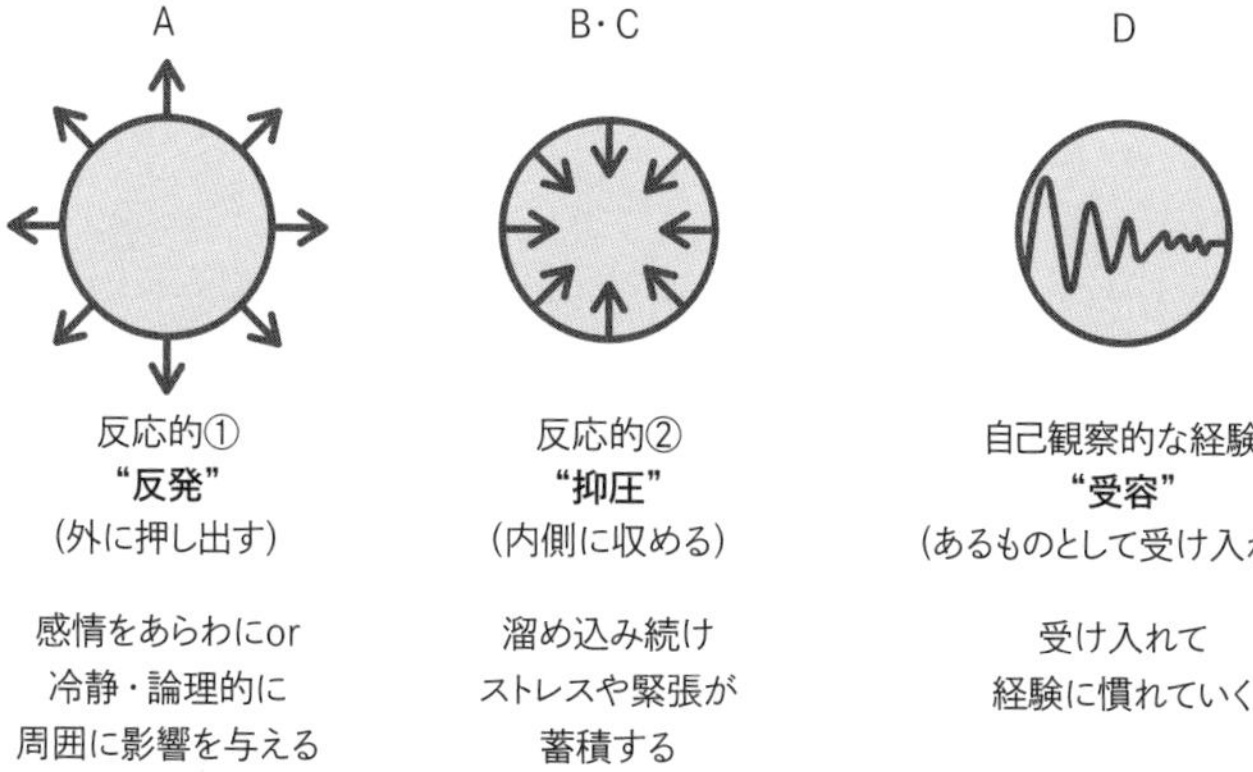

Transform LCC 共同創設者パートナーのジェレミー・ハンター氏の講義内容を基に筆者が補足・作成

察によって気づくことから始まります。

私は長年、組織の人材育成やマネジャー支援に携わってきましたが、相談を受けて話を聴く際などに、この3色のモードで捉える考え方を用いると、その人や組織が置かれた状況が手にとるようにわかり、相手の考えていることも言い当てることができて、とても納得してもらえた経験があります。自分の状況の理解のみならず、第三者の話を聴いて、当事者の心や身体の状態を想像する上でも、大きな助けになるのです。

次章より、そんな有用な3色のモードによる観察について、より深く、それぞ

れのモードの意味や望ましい対応の仕方などを把握していきましょう。

第3章

赤のモード（闘う／逃げる）を観察する

赤のモード（闘う／逃げる）では何が起こっているのか？

1 ケースで理解する赤のモード

本章では3色の身体のモードのうち、赤のモード（アクセル：闘う／逃げる）を詳細に取り上げます。モードの理解を深めるため、職場でよく見かけられそうなケースを紹介しますので、読んでみてください。

ケース A課長とリーダーBさんの会話

ITコンサルティング業を営むBB社では、A課長とBさんが真剣な顔で向き合っていました。今回の会話は、組織の運営方針や現在の体制についてのものです。

A課長は、この組織を支える番頭格のグループリーダーBさんに、リーダーとしての動きやフォロワーへの関わり方を変えてほしいと思っています。Bさんは取引先の担当や上層部から信頼を得ています。業績も、本人は十分上げていました。しかし、Bさんは常に自分を中心に置いた動きをし、周囲にも自分のやり方を強要しがちだったのです。また、グループリーダーとしてメンバーをマイクロマネジメントする傾向がありました。「自分のコピーがほしい」が彼の口癖です。彼のフォロワーは皆「やらされ感」を強く持ち、半年もすればやる気をなくすかダウンしてしまいます。意見を言っても高圧的に否定するので、周囲は皆「イエスマン」になっていきます。Bさん本人はそのことを認めず、高い業績を盾にやや開き直っている様子さえあります。最近はA課長の組織運営に対して批判をしてきたり、周囲にもそういった批判を漏らしているとも聞きます。

A課長は、Bさんの気持ちもよく理解しています。A課長も課長昇格前は彼のようなアグレッシブな姿勢で働いていたからです。しかし、今はひと昔前と違って、メンバー一人ひとりの考えを尊重することが求められています。Bさんが高圧的なままでは、課長への昇格は厳しいかもしれません。何とか姿勢を改めるよう指導したいのですが、なかなか気づいてくれません。

A課長が語り始めました。

「最近の若手は、ハードワークを好まなくなっている傾向にあるね。でも取引先の要求は年々高度になり、スピードも要求されている。労働環境が変わった今、適切な対応力を養うべきだと思っているけど、どこまでが適切なんだろうね」

Bさんは真剣な眼差しでA課長を見つめ、話し始めました。まるで前々から用意していたセリフを話すように――。

「前にもA課長にはお伝えしていたと思うんですが、私はこの状況について予測していましたよね。で、実際にこの半期の折返しの一番大変なときに人が足りなくなっています。それでもなぜA課長は人を増やすように動かれていないのか、ちょっと理解に苦しみます」

Bさんの発言の途中からA課長の眉間にしわが寄ります。A課長は深く考え込んでいるように見えました。

（なんだその言い方は。まあ、「前にもお伝えした」って挟むのは、いつものパターンだけど。今は業績良ければ簡単に人を増やせるなんていう時代ではないことはお前のポジションであればわかっていてほしいんだが。いつまでその認識なんだ！　大体、その高圧的な関わり方のせいでメンバーの何人がやる気をなくしてしまっているのか、わかっているのか？）

A課長は少し間を置いてから、険しかった表情を、息を吐きながら少し柔らかいものに変えて、再びBさんの目を見て話し出しました。

「だけど、今の人手不足を考えると、優秀な人材を増やすことはそう簡単じゃない。仮にもし、人を増やしたとして、今の取引先や業務に対応できるようになるまですぐに育成できるっていうの？　人が足りなくて増員したいのは、どの組織も同じだろう。限られた人材リソースの中でやり方を変えたりしながら乗り越える方法を、リーダーである君と一緒に考えたいということなんだけど」

Bさんは目をカッと見開いて反論します。敬語は使っているものの、口調の強さから攻撃していることは明らかです。

「A課長の言っていることはわかるのですが、今、必要なのはリーダーをサポートする人材の補充ですよね。この組織の業績も実質2人のリーダーで支えています。そして、この2人と、2人を支える若手も超繁忙です。これ以上、今の中心メンバーに仕事量を増やすことはできませんよね。あるいは、受ける仕事と断る仕事を整理する、という考えもあるかもしれませんし、もうそういう時代に入ってきているのかもしれませんね」

やや顔は赤らみ、肩で呼吸をしています。確かに彼はここまでの時点で人一倍働いていて、ハードな勤務状況です。疲れたなどと愚痴を言わないポリシーを持つ彼ですが、言わない分、自分が我慢のはけ口にされているようにA課長は感じています。A課長は目線を下にそらして苦笑いをしていましたが、唇を少し噛んでしばらく黙っていました。

このケース、どのように感じながら読まれましたか。似たような経験を思い出したり、特定のメンバーの顔が思い浮かんだでしょうか。A課長に感情移入するだけでなく、自分はBさんと似た要素を持っている、なんていう方もいるかもしれません。

十分な体制が組まれていない中で業績を達成しなくてはならない。求められる水準は、達成すればしたでさらに翌年、高いものになっていく。そんな中での、課長とリーダー間の緊張感あるやりとりです。双方が納得いく着地には、ほど遠い状況のようです。

ちなみに、A課長とBさんは日頃から関係性があまり良くありません。今回の議論に限らずBさんは、A課長にストレスを与えるような発言や態度を繰り返しています。もしかしたらこの議論が始まる前、この会議室に入る前から、BさんはA課長に対する態度を決めていたのかもしれません。

3色の身体のモードの理解を深めていただくため、これから冒頭にこのような形でケースを提示していきます。皆さんは、ここで出てくる登場人物と状況に対して、以下の視点を持って読んでみていただきたいと思います。

〈ケースを読む際の4つの視点〉

1　「何が今、このケースで起こっているのか」という視点（登場人物の身体感覚・思考・感情の状態や動きなど）

2　誰が悪いというわけではなく、誰にでも正しさや言い分があるという視点

3　性格やパーソナリティが悪いのではなく、「身体的な反応が特定の言動をとらせている」という視点

4　人は「決まった自動的な反応のパターン」を持っているという視点

この4点は、他のモードのケースでも同様のポイントです。この4点を意識しながら読んでいただくと、それぞれのモードの理解が早まるでしょう。

それでは、冒頭のケースと「赤のモード」について解説していきます。

Bさんと A課長は、同じモードに入っている

ケースのBさんの状態は、前章で概観した「3色の身体のモード」でいえば、一番最初に紹介した「赤のモード（闘う／逃げる）」の、「闘う」の状態です。

Bさんはトップクラスの業績を安定して上げているリーダーですが、ややアグレッシブ過ぎる傾向があるように見えます。いつも自信を持って振る舞い、A課長に対して、日々感情をあらわにしたり、鋭い視線を投げかけたり、強い口調で反論しています。「前にもお伝えしていたと思うんですが」という口癖があるようですが、言われて心地のよい言葉ではないですね。A課長もここで一気に怒りの感情が立ち上がっています。Bさんはこういったフレーズを使うことによって、相手に対してイニシアチブを取ろうとすることが多いのですが、A課長に対しては逆効果でしょう。

視点を変えて、A課長のモードはどんなふうに見立てられるでしょうか？　いろいろな見立ての可能性がありますが、Bさんと同じく、「赤のモード」です。ただ、Bさんと違

い、1拍、間を開けたり、気持ちを切り替えたりなどの対応をしていることがわかります。部下と真剣勝負で闘ってはマネジメントとして冷静さに欠きます。ですからBさんの発言を正面から受け止めずにかわしたり、柔らかい表情や口調で着地点を探しています。

どんなときに赤のモードになるのか？

赤のモードは、身体的には交感神経が優位になっている状態です。車に喩えるとアクセルを踏んだ状態で、危険なもの、自分にとって脅威となるものと遭遇したときに本能的に身を守るモードです。これは動物（爬虫類や、人を含めた哺乳類）共通の働きといえます。

人はこのモードに入ると、どんな状態になり、どんな言動をとるのでしょうか？　一般的には、次のような状態が見られます。

〈闘う〉

- 状況や関わる人をコントロールしようとする
- 説得する・変えようとする
- 抵抗・反発する

■よく見せようとする・だます

〈逃げる〉

■とっさに別の話を展開して注意を逸らす
■自分のタスクや責任を他者に押しつける
■なかったことのように状況を運ぶ
■どうにもならない危機的状況になって慌てて周囲に助けを求める

ケンブリッジ大学の神経心理学者バーバラ・サハキアン教授の研究によれば、人は1日に35、000回の決断をしているといいます。その中のどのくらいかはわかりませんが、私たちは、1日の中で数えきれないほどの「闘う／逃げる」を決断していますし、瞬間瞬間で「闘う」と「逃げる」を繰り返しているのです。

2 赤のモードの身体と心

赤のモードを誘発する刺激とは？

ポリヴェーガル理論では、すべてのモードは「外部刺激」「内部刺激」を受けた反応であると考えられています。ですから赤のモードも、この2種の刺激から生じる反応です。外部刺激とは、自分の身体の外から受ける刺激のことです。本章冒頭のケースでいえばBさんの高圧的な態度や発言が一番目立つ外部刺激ですが、相手の考えや発言、自分の期待と異なる考えや行動などが該当します。人間関係は人にとって外部刺激の大きな要因ですが、他にも、まだたくさんあります。ビジネスシーンでいえば、締め切りやマルチタスクに追われる状況、大勢の聴衆がいるプレゼンテーションや大事な交渉など、プレッシャーのかかる状況が、赤のモードを誘発します。私たちは主に五感を通じて刺激を受けたり体験したりします。

〈外部刺激の例〉

- 騒音、気温、気圧、光の明暗、紫外線
- サプリメント、酒、タバコ
- 細菌、ウイルス、花粉、動植物、埃

- 締切、マルチタスク、プレゼンテーションでの聴衆の表情や光景、重大な交渉他、プレッシャーが多い状況

他方、「内部刺激」とは、私たちの内側から生じる刺激です。身体、思考、感情に関わるさまざまなものがあります。

〈内部刺激の例〉

- 身体……身体のコンディションや身体の感覚（痛みやだるさ、心地悪い感覚など）
- 思考……期待や不安、否定的な考えやストーリーなど
- 感情……不安や恐れ、怒りや疑いなど

これら外部、内部刺激は単体で経験して終わることはありません。1つあるいは複数の刺激が連動して伝わることで身体や心が変化し、他の刺激（身体感覚・思考・感情）へと連なっていきます。

赤のモードの「身体反応」とは？

次のイラストを見てください。赤のモードの身体の反応を絵で表したものです。「闘う」と「逃げる」は、まったく異なる状態と思われるかもしれませんが、どちらも動物が目の

前に現れた敵や脅威に対して、鋭敏にアンテナを立てた状態です。すべての注意は自分の身体の外側に向かいます。

身体に表立って表れる変化、反応では、まず瞳孔や目が開いて大きくなり、目が乾きます。眉間にしわが寄って目つきが鋭くなり、視野が狭くなります。獲物を捕らえるために焦点を絞ったり、自分を襲おうとしている相手に対し警戒している状態です。敵や逃げ場を探して、歯を食いしばり頬や顎は緊張し、口が開きにくくなる可能性があります。表情筋が固まって険しい、あるいは慌てた表情になります。心拍は早く、血圧も高くなって動悸がしたり、血管が浮き出たりして、顔や身体が赤らんで見える可能性があります。呼吸は浅く早くなり、口呼吸になっていることもあります。息を吐くよりも吸うことが多くなりますが、これも心拍数の上昇につながります。状況や出来事に集中して呼吸を忘れたり、声が震えるといった状況も、このモードの表れです。

身体の各部、首や肩、背中や腕などに力が入るため、このモードの時間が長い人には、慢性的な肩凝りを持つ人が多いです。体温が上がることも顔が赤くなる原因で、体温を調節するための発汗も多くなります。

闘う／逃げるという状態では、身体の内側の機能を低下させる働きが進みます。食物を食べている場合ではありませんから、胃腸の動きが悪くなって生殖機能も低下します。

姿勢は前のめりとなり、早口で行動も機敏になって衝動的な言動が増えます。脅威に対応する力を活かす上で理想的な状態といえます。最大限のパフォーマンスで対処するモードですが、一方で体力やカロリーの消費・消耗が大きい状態でもあります。

赤のモードで生じやすい「思考」とは？

身体がこのような反応を見せるとき、「思考」はどうなっているのでしょうか？

人によって傾向や頻度は異なりますが、多く見られるのは、「〜すべき」「〜はだめ」「〜しなさい」といった、自分や相手や状況を変えよう、コントロールしようとする思考です。「負けるな」「急げ」「間違えるなよ」「完璧でいなさい」「これを直せ」といった、相手に望む行動に関するものや、「逃げ場はどこだ？」「早く終わらせてしまいたい」「なぜ!?」「私は悪くない（悪いのはあなただ）」などといったネガティブ思考も多くなりがちです。また、過去に経験した似たような思い出したくない場面や、未来に起こり得る避けたい展開などが心の中で思い浮かんだりすることもあるかもしれません。感情や気分も、天気のように素早く立ち上がったり変化したりします。思考と態度が掛け合わさると、自分の要求に合わせるように言葉や態度で脅すような傾向も出てくるでしょう。

赤のモードで生じやすい「感情」とは？

危険時で、状況をいち早く変えたいという身体反応や思考が生じて、体力と気力を総動員している赤のモードでは、その状態に連動した感情が生じていきます。感情はこのとき、危険を知らせるシグナル、アラートのような役割を果たします。

「闘う」状態では、力強く相手に対して威嚇や反論をする活力となるような「イライラ」「怒り」「憎しみ」「敵意」「闘争心」や、うまく事が運ばないことからの「焦り」、他人や自分を分析するような「疑い」などが生じます。「逃げる」の状態では、太刀打ちできない相手や状況に、アラートとして「恐れ」「不安」「心配」などの感情が立ち上がります。必死になって逃げ場や回避する道筋を探すため、身体に力が入ります。

感情は身体に連動しやすく、たとえば恐れを感じたら呼吸が浅くなったり、声が震えたり、心拍数が上がったりします。シグナル、アラートという点でも、感情をどこかの身体反応と一緒に感じる場合もありますし、感情だけ、または身体反応だけを感じる場合があります。そうした連動に注意を向けることでも、モードに入っている最中にそれを自覚することができるでしょう。

赤のモードに入ったときの身体反応・思考・感情を概観しましたが、このモードのことがなんとなくイメージできたでしょうか。赤のモードでイライラや怒りや焦り、逃げたいという気持ちや不安が立ち上がるときは、周囲にもその様子が見えていることが多く、伝播しがちです。急に怒鳴る人を目にして、関係がないのに緊張したという経験がある人もいるでしょう。また、相手が一見、言葉では冷静かつ論理的に話を進めていても、その奥に別の感情や態度が透けて見えて緊張や警戒をしたという経験は誰しもあるでしょう。本章冒頭のケースのように、赤は他者の赤を誘発します。そして、他のモードも同様に伝播するのです。

刺激は二次的、三次的に発展していく

なお、身体反応・思考・感情は、この3つが立ち上がることによって新たな思考が立ち上がって、その思考によって身体が緊張したり、その緊張によってさらに新たな思考や感情が立ち上がる、といったように、刺激が連動し合って、変化し続けていきます。特に赤や青のモードの体験が続いている際には、現実を歪めて認識しがちになります。物事を実際よりもネガティブに、深刻に受け取ってしまうことも少なくありません。忙しく余裕のない中で、心配性、ネガティブ思考が加速してしまう可能性があります。

想像してみてください。ご自分が冒頭のケースに似たような状況で、A課長のように責

め立てられたら、怒ることなく、相手の言葉の内容をニュートラルに受け取ることはできるでしょうか？　これはとても難しいことです。「私のことを否定・攻撃・侮辱している」と思うでしょうし、「私の安全が失われている」とか「緊張した会話が続く」などの思考がもたげるでしょうし、「私の安全が失われている」とか「緊張した会話が続く」などの思考がもたげるでしょう。その結果、実際よりもネガティブなストーリーを自ら頭の中で展開させ、そのストーリーに飲み込まれてしまっている状態ともいえます。その状況で発する言動は自身にとって不本意な結果になる可能性が高いでしょう。しかし本章の後半で紹介しますが、観察によってその流れは変えられるのです。

3 何を求めて闘い、逃げるのか？

何かに困り、何かを守っている

赤のモードとはどんな状態で、どのような身体反応や思考、感情が湧き起こるのかは理解ができたと思います。では、そもそも赤のモードに入っているとき、私たちは本当は何を求めているのでしょうか？　ここからは、さらにこのモードを深掘りして、本質を理解していきましょう。

最近、赤のモードだったときの自分を思い出してみてください。そのときあなたは、「闘う／逃げる」状態である以前に、置かれている状況や場面に対して「困って」いませんでしたか？

予想に反した厳しい局面——味方やリソース（人・モノ・金・情報・時間）の少ない状況や、相手の行動が予測不能で危機感を抱いているような場面です。心底困っていて、なんとかしたい、という気持ちでしょう。そしてその奥底には「助けてほしい」という、願いにも似た気持ちがある（あった）のではないでしょうか。人は誰しも、できれば誰とも争わずに、穏やかでいたいはずです。しかし、心底困っている。こういうとき私たちは、一般的な心の流れ、選択肢の1つとして「闘う」ことを選ぶのです。

また、そのときあなたは、「困っている」ことに加えて、何かを「守ろう」としてはいませんでしたか？「自分の立場」「プライド」「組織のみんなの安心」「自分自身が実現したいと願っていること」「大切な人・仲間が期待していること」等々——。これらが失われることを避け、安心したいがために、「闘おう」としていなかったでしょうか。

この解釈に納得感を感じられたら、自分や人の理解にもつながるので覚えておきましょう。Bさんのような「闘おう」とする相手も、「攻撃したい」というよりは、「困っている存在」に見えないでしょうか？

加えて、「逃げる」は「闘う」とは真逆に感じるかもしれませんが、同じように困っていて、何かを守ろうとして起こります。脅威に対して困惑し、自分の立場や心の安定した状態、達成しようとしていることや仲間などを守って安心するために回避行動をとる、というのが「逃げる」状態です。「闘う」場合と比べて、相手や状況が自分にとって、より困難で苦手な場合に「逃げる」ことになります。

「闘う／逃げる」のは「性格」ではなく、「反応」

なお、これは非常に大切なことなのですが、Bさんのように攻撃的に「闘う」、A課長のように「逃げる」といった言動は、当人の人柄、パーソナリティの問題ではなく身体の反応から来ている、というのが本書の考えです。怒りやすい性格、攻撃的な性格、否定的な性格、上から目線な人、無責任な人――。私たちは人に対してこうしたイメージや性質を基に評価していますし、マイナスなイメージは短所として扱い、その人の性格上の課題と捉えがちですが、そうではありません。なんらかの条件や外部の情報や刺激に触れると、意志や思考が働くよりも早く、身体が「反応」する。心と身体、そして神経の観点からいえば、身体の反応が先なのです。身体反応の影響を受けて意志や思考、行動が続きます。その順番や連鎖は本人としては無自覚な出来事です。

「わかっちゃいるけどやめられない」というフレーズがあります。本人としても決して常に闘いたいわけではない。しかしながら、気づくと人に強く当たってしまったり、あるいは過剰な回避行動をとってしまい「しまった、またやってしまった」と後悔している人も多いのではないでしょうか。これは、身体の反応によるものなので、制御が非常に難しいことなのです。こういった身体的な反応や思考を、本書では「自動反応」「自動思考」と呼びます。

人が繰り返す言動はパーソナリティ由来ではなく、実は自動反応である――この捉え方に基づいて自分や人の言動を見てみると、受け止め方に変化が起こりませんか？　そして、自動反応が起きることには、その人なりの背景があるのです。

「あの人が乱暴な物言いをするのには、そうさせる背景がある」「自分が同じような場面でいつも逃げてしまうのは性格ではなくて、身体の反応である」――そんな見方で、自己や他者を観てみることをお勧めします。

自動反応は経験の積み重ねで形成される

では「自動反応」「自動思考」は、どうやって形成されるのでしょうか。それは、経験の積み重ねによるものです。

次の写真を見てください。暗い背景で腕を組んでいる男性が、目をつむって少し眉間に皺を寄せていて腕を組んでいます。もしこの写真のような人と実際に出会ったら、どんな思考や感情が思い浮かぶでしょうか。少し考えてみてください。

iStock/metamorworks

回答は、次の3パターンくらいに分かれます。

①この人は「怒っている」と感じる……恐れや不安を感じて身構える、巻き込まれないように注意しようと思う

②この人は「悩んでいる」と感じる……辛そうに見える。自分に何かできないだろうか、と考えて声をかけたくなる

③その他……カッコつけている、時間を気にしていると思う、など

私の経験では8割くらいの方が①、1～2割くらいの方が②で、③はごく少数です。

子どもの頃から、よく怒る人に巻き込まれて苦労した人は、①の怒りを警戒した方が、自分にとってうまい選択につながってきたため、「怒っている」と解釈する可能性が高まります。一方で②「悩んでいる」と捉える人は、幼い頃から「人に優しくした」「人から優しくされた」経験を多く積み重ねてきた可能性があります。③は特定の人が思い浮かんでいて、その人の癖や印象と写真のイメージがつながっているかもしれません。

同じ写真を見ても、人それぞれに受け取るイメージに違いがあるのは、過去の経験の影響を受けているからです。過去の損や心地悪かった経験、過去の得、心地よかった経験などから形成された生き方の効率性、学習効果のようなものが反映されます。

というのも、私たちが何かを経験する際、毎回初めての経験のように受け止めて行動していては、脳に相当な負荷がかかります。そこで、脳や身体の機能として、過去の「事象」→「損／得（結果）」「快／不快（結果）」の積み重ねによって、素早く対応策を思い浮かべる、あるいは意識せずとも反応するという性質を持っています。身体の、効率的な選択や解を導き出すためのアルゴリズムといえるかもしれません。

これらの自動反応や自動思考は、あるときまでは効果的に、有効に働きます。「損や不快」を避けて「得や快」を得るための働きですから、困難やピンチを乗り越えたりして、よい結果をもたらします。しかし、置かれた環境や立場が変わると有効でなくなります。環境や立場が変われば、自動反応や自動思考のパターンも変わる必要があるのです。

たとえば、現場リーダー時代、常に論理的な思考で状況を判断し、冷静に事を進めて成果を出し続けてきた人も、マネジャーになると変わる必要性が出てきます。現場リーダー時代にはメンバーに直接指示を出しても信頼や注目を集め、指示にも従ってもらえるでしょう。しかしながら、マネジャーになって協働するメンバーが増えると、従来のやり方が通用しなくなる可能性が出てくるのです。大きなユニットが複数あり、ユニットごとに責任者がいるような組織の場合、冷静で的確な指示を行うだけではなく、リーダーやメンバーの主体性や気持ちの状態を観ていくことが求められます。感情に働きかけるような声かけなど、それまでの強み以上のことを求められる場面も出てくるでしょう。

このリーダーの「冷静で論理的」という強みも自動反応、という見方ができます。立場が上がって責任範囲が大きくなればなるほど、自分の得意なパターンや「自分流」を貫くのではなく、対応のバリエーション、選択肢を増やしていきたいものです。

この例は極端かもしれませんが、本書を手に取るマネジャーの皆さんは、自己と他者の観察によってこのような自動反応や自動思考のパターンに気がついて、柔軟に対応するための「新たな選択肢」をたくさん持てるようになります。

3色のモードに共通すること

「言動は、性格ではなくて自動反応」「困っているとき、何かを守りたいときにモードに入る」という2点は、自己や他者の観察において特に重要な点です。そして、この2点は、赤のモードだけではなく、他の身体のモードすべてに共通していえることです。

赤のモードは「動きのある反応」をして、自分や大切にしたい何かを守ります。青のモードは「静まり止まった反応」を、緑のモードは「仲間と緩やかにつながる反応」をしてそれらを守ります。すべては自分と自分の大切なものを守るための自律神経の働きです。ある人の横柄な物言いや回避的な行動は、何かに困っていたり何かを守っている反応であり、その反応は、過去の人生で形成されたパターンである可能性が高いのです。

これら自動反応や自動思考を理解したうえで自分や他人を観察し続けていくと、自分や相手に対する理解が変わっていきます。自罰・他罰的な態度がなくなり、他者の言動についてもバイアスがかった評価や判断が減り、受容的になる可能性が出てきます。

そのように受容的になると、他者に共感的な態度や好奇心が増していったり、心や思考の柔軟さが増してメンバーへの対話や声かけが変わります。すると周囲もあなたとの対話に安心を感じて、以前より関係性が軟化したり、本音で話してくれやすくなったりします。

この自分や他人に対する受容力は「観察」によって得られる大きなメリットです。普段、赤のモードに入りやすい方がすぐに状況を変えることは難しいかもしれませんが、意識をしたり体験を積み重ねることで徐々に変化していくことができるでしょう。

4 赤のモードに入ったときに取りたい対応

赤のモードに入り、思わず相手に高圧的な態度を取ってしまう、もしくは回避的な発言をするといった、後で後悔してしまうような反応を防ぐにはどうすればよいのでしょうか。

それは、反応に気づいて、その反応が鎮まる状態を意図的につくることです。具体的な対応には、「基本的な対処法（赤・青モード共通）」と、「赤のモードならではの対処法」があります。

先に、基本的な対処法である**「気づく」**→**「経験する」**→**「調整する」**の3つのステップをご紹介します。

基本的な対処法3ステップ

ステップ1 「気づく」

最初のステップは「気づく」ことです。何に気づくかというと、すでに説明してきたとおり、「今、この瞬間に自分に何が起きているか?」です。まずは「闘う」あるいは「逃げる」状態の「赤のモードだな」と気づくことが大切で、その後に身体反応・思考・感情などを観察します。

観察に慣れてくると、呼吸の浅さや喉の息苦しさ、攻撃的な思考や焦っている気持ちなどに気づくでしょう。ここまで気づければ最初のステップは完璧です。モードの色を特定して、気づけた身体反応・思考・感情がいくつかあれば、それで十分です。

モードの色を特定する際に必要なことは、「間を取ること」です。この「間」はどういったときに取り始められるでしょうか? 最初のうちはタイミングがわからないと思いますが、自己観察を意識し出すとそのタイミングが徐々にわかってきます。主に身体の反応の変化、たとえば呼吸の浅さ早さ、筋肉のこわばり、声の出しにくさなどのちょっとした変化がつかめてきます。そういった変化や、ストレスや緊張感などの困難さを感じたら間を取る、と考えてみましょう。

困難さを感じる↓間を取る（6～10秒くらい）↓モードの色を特定するという流れをしばらく意識しましょう。この経験を積んでいくと、日常の中で「今、自分は赤のモードだな」「呼吸が浅いな」「不安を感じているな」「相手を論破しようとしている」など、自分の状態を客観視できるようになっていきます。

慣れないうちはまず間を取り、今、自分が困難な状況にいることを自覚することから始めてください。自分の苦手な状況や起きがちな自動反応がもしわかっていれば、困難な状況に実際に入る前に、予測も可能でしょう。過去を振り返って、自分の苦手な状況を予め思い起こしておいたり、また不本意な出来事が起きたときに経緯や状態を記憶や記録に残しておくと、次に向けて、予測がしやすくなります。

ステップ2 「経験する」

次は「経験する」です。今の反応の状態を「経験」します。赤のモードに入ったら、身体のさまざまな場所で筋肉が緊張したり、呼吸が浅く早くなるなど、赤のモードならでは不快な感覚を感じることが多いでしょう。思考や感情も生じています。

ここで大切なのは、できるだけ先入観を持たずに、「ありのままを経験する」ということとです。非常に難しいことですが、このモード対処の一番大切なところで、それには、思考や感情ではなく、身体感覚に注意を向けながら体験を続けます。この理由は2つあり、1つはカッとして闘いたくなる、もしくはもう嫌だと逃げたくなるような思考や感情に注意を向けるのは難易度が高いこと。もう1つの理由は、こうしたとき、ほとんどの人はいろいろと思考を巡らしており、身体に意識が向きにくいのですが、そこで、あえて身体の感覚に注意を向けることで、落ち着いてくるからです。赤のモードで「真っ赤な状態」から、赤の濃度を薄めていけるようなイメージです。

少し落ち着いたら、さらに自分の身体感覚をしばらく経験（観察）します。ざまざまなところに不快な感覚があるでしょうが、それをありのまま、あるがままにして過ごします。変えようとしないことがポイントです。これが「受け止める」という状態です。そうすると徐々に変化が感じられ、不快な感覚が落ち着いたと感じたり、消えていくこともあります（手放す）。ここまで「経験する」ことができたら、赤のモードの心身の高ぶりから大きく落ち着いていることでしょう。変化させよう、落ち着こう、などを意図せずに、そのまま観察することで自動反応以外の選択肢が見つかりやすい状態になります。ただ、これは簡単なことではありません。最初のうちはステップ1のモードの特定と身体の感覚に注意を向けられれば十分です。

そして、これはとても大切なことなのですが、もし「経験する」のが辛すぎる場合、頑張りすぎないでください。心の安全があることが第一です。休憩をとるなどして、楽にします。カッとなっても、その勢いに乗らないようするだけでも変化は生まれます。

ステップ3 「調整する」

ステップ2の「経験する」までできたら、そのときの赤のモードには、ほぼ対応できたといってよいでしょう。ステップ3の「調整する」は、その先の安心した状態（緑のモード）へ「チューニング」していくような道筋です。

「調整する」ではまず、身体のニーズを満たします。赤のモードで高ぶったり熱くなっている気持ちや身体の状況を変えてあげるということです。身体がその場で求めることであれば、何でもしてください。トイレに行くこともあるでしょうし、暑いと感じたら涼しくし、狭いと思えば余裕のあるスペースに、場所を変えてみます。

そして、身体が心地よさや安心を感じられること――背伸びをしたり、腰をひねったり、首を回したり、腕を触ったり、リモートワークなどで許される環境であれば、ぬいぐるみやソファなどを触ったり抱えたりします。そのときの身体の各部分の心地よい感覚を見つけてください。身体を伸ばした心地よさ、前腕を撫でたときの優しい感触、ぬいぐるみを

図3-1 モード対処の３ステップ（赤・青のモード共通）

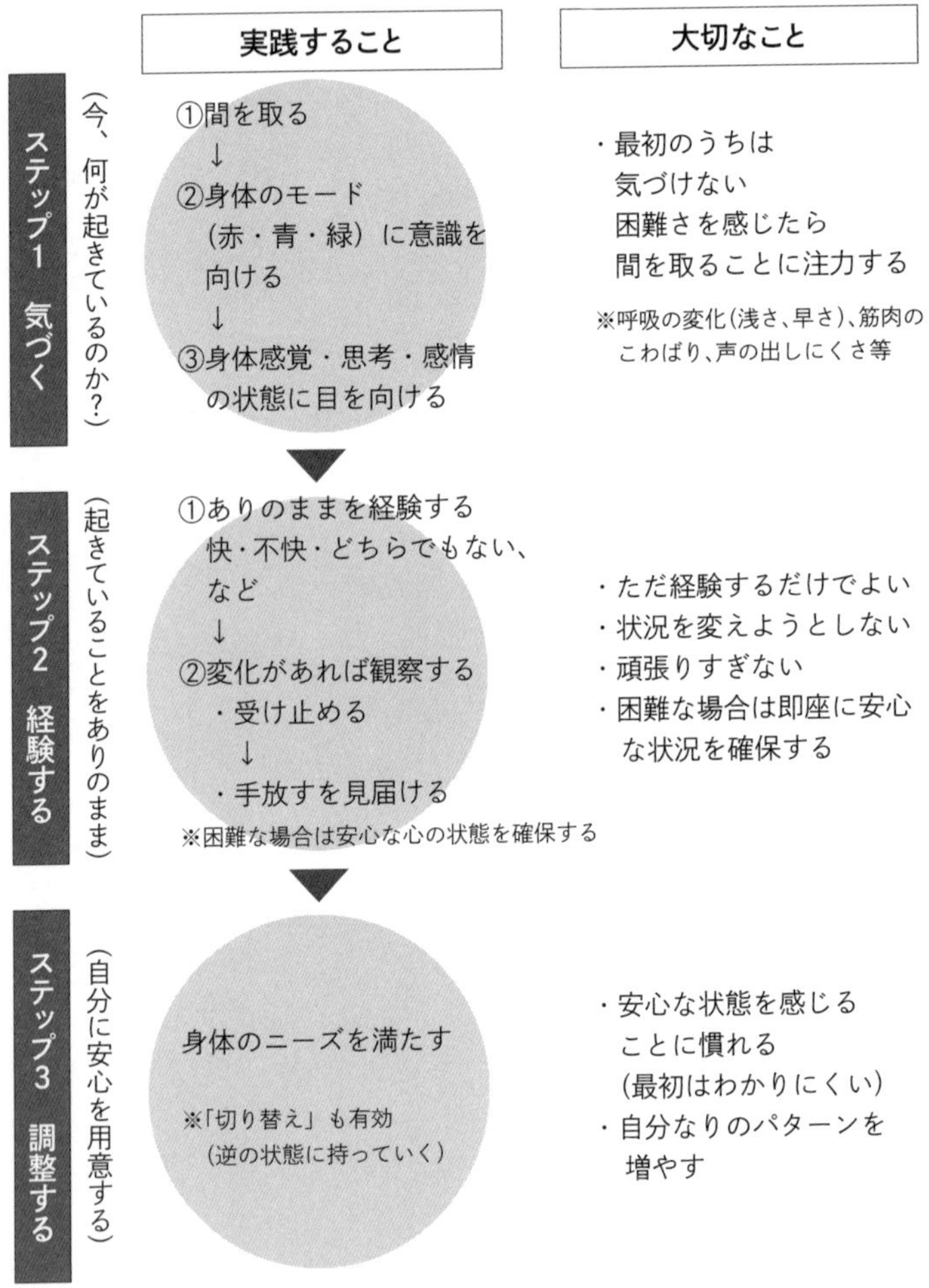
実践すること
大切なこと
ステップ1　気づく
（今、何が起きているのか？）
①間を取る
↓
②身体のモード
（赤・青・緑）に意識を
向ける
↓
③身体感覚・思考・感情
の状態に目を向ける
・最初のうちは
気づけない
困難さを感じたら
間を取ることに注力する
※呼吸の変化（浅さ、早さ）、筋肉の
こわばり、声の出しにくさ等
ステップ2　経験する
（起きていることをありのまま）
①ありのままを経験する
快・不快・どちらでもない、
など
↓
②変化があれば観察する
・受け止める
↓
・手放すを見届ける
※困難な場合は安心な心の状態を確保する
・ただ経験するだけでよい
・状況を変えようとしない
・頑張りすぎない
・困難な場合は即座に安心
な状況を確保する
ステップ3　調整する
（自分に安心を用意する）
身体のニーズを満たす
※「切り替え」も有効
（逆の状態に持っていく）
・安心な状態を感じる
ことに慣れる
（最初はわかりにくい）
・自分なりのパターンを
増やす

四葉さわこ氏（公認心理師・合同会社リノバランス）教材
『ポリヴェーガル理論でわかる困ったときの自己調整』を参考に筆者作成

触ったときのもふもふした感触など。身体、心の気持ちよさを得ることで、安心できます。

こういったことを意識するだけで、流れは大きく変わるでしょう。

他にも、「状態を切り替える」方法があります。これも、不快に感じる状態から、快に感じる状態へと身を置いたり変えるということです。

- 騒がしい空間　↓　静かな空間へ移動する
- 早い展開　↓　ゆっくりした展開（会話、動作、思考など）へ変える
- 大きい音　↓　小さい音にする　など

調整については、自分なりの対応策がいくつかあると、いざというときに対処できるため、自分は何をすると心地よいかを好奇心を持って探求し、対応策のパターンをいくつか持っておくことをお勧めします。

赤のモード固有の対処法

赤、青のモードどちらに入ったときにも使える「基本の対処法」を解説しましたが、もちろん赤のモード固有の対処法もあります。赤のモードは衝動的に身体のエネルギーが高まった状態のため、そこに対応・調整をすることが大切です。

1つ目は、「発散」です。溜まったエネルギーを発散することで、状況が変わっていきます。「不満を誰かに話して聴いてもらう」「運動する」「声を出す」「笑う・泣く」「別の好きなことをする時間をとる」などが該当します。いわゆるガス抜きです。

もう1つは、「鎮静」で、これは主に身体からのアプローチです。たとえば次のような方法があります。

①姿勢を少し正して楽に椅子や床に座ります。
②呼吸へ注意を向け、可能であれば呼吸を少しゆっくりめにします。
③肩を耳に近づけたり手を握るなど、どこかの筋肉に一度ぎゅっと力を入れてから、ゆっくり20秒くらいの時間をかけて息を吐きながら力を抜いていきます。その後自分の筋肉、体温、血流などを感じます（20〜30秒ほど）。
④②〜③を数回繰り返します。

これら2つの対処法は「闘う」「逃げる」のどちらに対しても有効です。普段から、発散や鎮静の、「ちょっとした習慣」をつくっておくことで、対処したいときにすぐに実践できます。

赤のモードの応急処置ミニワーク

イライラしている、焦っている、逃げたいなど、「赤のモードかもしれない」というときにすぐに反応に気づいて鎮める応急処置の方法もあります。

3ステップ呼吸空間法〈MBCT〈Mindfulness-Based Cognitive Therapy マインドフルネス認知療法〉より〉

①次の問いを基に、今の自分の「ありのまま」の状態をしばらく観察します。（1～2分程度）

- 今この瞬間のモードの色は何色ですか？（モードの再確認）
- どんな身体感覚を感じていますか？
- どんな思考を経験していますか？
- どんな感情が湧いていますか？

②呼吸に注意を向け、鼻、喉、胸などご自身が呼吸を感じやすい場所で感じます。呼吸をするのがなんとなく心地が悪い場合は、注意を向けやすいと思う対象、たとえば周囲の音やどこか感じやすい部分の皮膚の感覚を感じます。（1～2分程度）

赤のモードに入っている身体感覚・思考・感情を忘れて、呼吸または注意を向けた一点に集中し続けます。

③集中していた一点から今度は、身体全身の感覚に注意を広げていきます。（1〜2分程度）

- 手や足などを感じたり、光や色など視覚的なイメージを広げていくと注意を広げやすいです。自由に、自分のペースで広げていきます。
- 可能なら、身体の外側の空気や空間の気配も感じます。周囲の音や匂い、空気の暖かさ冷たさなど。
- そうして呼吸、身体の感覚、外の空気の気配などを感じ続ける中で、自分の心や身体の変化を感じます。

無自覚だった自動反応（身体感覚・思考・感情）に自覚的になり、次のステップで呼吸に注意を絞り込むことで不快だった要素を「受け流す」ことにつながります。

不快なものを無自覚に抱えていると、ストレスや緊張となって蓄積されていきます。そこで呼吸に注意を集中して、意識を外へ意図的に外すことによって切り替えになり、抱えていたストレスからいったん逃れることができます。ぜひ採り入れてみてください。

5 身近なところにある赤のモード

最後に、赤のモードがビジネスシーンのどんなケースで出てきやすいのかや、同様の状態に陥ったときに取るべき対処について触れておきます。当事者たちの状況は性格的な原因ではない、身体から来ている反応と見てみること。何かを「守りたい」、「安心したい」というニーズがあること。そのうえで、本人としてはまず「気づくこと」、他者の場合は「一緒になって気づくこと（＝聴いてあげること）」が大切であることを意識して読んでみてください。

〈状況〉はあくまで1つの解釈であり、別の見方や見立てもありますが、例としてご自身やメンバーを観察し調整するうえでのヒントになれば幸いです。

■マネジャーのケース

①組織で業務上の問題が起きた際、部下からの対応策の提案やアイデアを受け入れず、自身の意見を押し通すマネジャーの状態

〈状況〉

このようなマネジャーは、問題をなんとかしたい、なんとか問題から回避したいという、

闘う と逃げるの両面の反応の中にいることが多いでしょう。早く心配ごとをなくしたい（逃げる）気持ちが立ち上がって周囲の意見が聞けなくなったり、切迫した場面になると自分が必要とする情報のみを求めて固執する傾向が強まります。不安や怒りといった感情に気づけていないままに話を始め、状況や人をコントロールしよう（闘う）という敵対的反応（攻撃的な発言、表情、身ぶり）が現れて、周囲も距離を置きたがるようになるかもしれません。周囲は何を言っても無駄だと主体性を放棄して「言われるとおりに動きます」と、「静観」「静かな抵抗」「できるだけ関わらない」といった態度に入っていくかもしれません（これらも赤のモードの反応の一種）。

マネジャーに保身の気持ちがあり、それが漏れ伝われば、メンバーから信頼を失う可能性もあります。身体のモードは伝播するため、マネジャーが赤でいるとメンバーも赤になってしまいます。自分の状態を観察して受け入れて、メンバーの皆と一緒に難局を乗り越えようという姿勢（緑のモード）に持っていくことが鍵となります。

〈自己観察と対応〉

気づく まずは自分の状態に気づくこと。赤のモードであること、闘う／逃げるの両面があることに気づきます。呼吸の浅さや早さ、不安や怒りの感情、攻撃的な思考や、状況が悪化したときの想像やストーリーがあれば、それらも自覚します。

経験・調整する 事態を収拾したい焦りの思考や感情があるので、呼吸や身体のどこかに注意を向けて観察をします。休憩時間を取って1人で行うのもよいでしょう。1人の時間で自分は「何を守りたいのか？」「何から安心したいのか？」を考え、そういった考えがあることを自分で認めます（受け入れる）。そうすると心身の状態の静まりを感じたり、気持ちの高ぶりの変化が感じられるかもしれません。

行動する 思い浮かんだことを受け入れ、メンバーと状況把握をし、打開策について話し合います。その際、いつも以上に聴く時間を多くしたり、話す間にわずかな時間でもよいので間を開けてから話し始めるように意識してみます。緊急時ではあるものの、できるだけ心を落ち着かせ（緑のモードにいることを意識して）皆で解決策を探すような体験にしていくよう心がけます。聴くときは可能な限りメンバーの話や気持ちなどを対象にして、集中して聴きます。

マネジャーの「自分の内面の状態を受け入れる」体験は周囲に対しても気持ちの余裕を与え、周囲も自由に発言しやすくなります。やや耳障りな発言も出てくるかもしれませんが、メンバーの主体性が戻り、建設的な話し合いにつながります。

②部下の批判を避けたり、組織課題などないように振る舞うマネジャーの状態

〈状況〉

メンバー間の関係性の悪化や特定のメンバーへの業務集中など、組織課題が見えていながら批判や問題提起などの困難な話題を避ける（逃げる）反応が出ています。複雑な組織課題があり、メンバーから改善要望や苦情が上がっているのに解決の糸口が見いだせていません。何かしら手を打っても反発されるリスクや、実際に手を打っても効果的でない場合のリスクを感じています。自分としては無自覚ですが「逃げる」（他者に任せようとしたり、無難なやり方で収めようとする態度）が出ていて、時間が経過している状態です。

〈自己観察と対応〉

気づく 時間が取れるときにこの事象について、何が起こっているのかを考え、自分や複数名のチームメンバーのモードを特定します。自分自身（マネジャー）は逃げる反応ですが、他のメンバーは誰が何のモードなのか、赤なら「闘う」なのか「逃げる」なのか、青のモードのメンバーはいるのかなども特定します。

経験・調整する まず自分の状態（赤のモードであること、身体反応・感情・思考）に気づき、「守りたい」「安心したい」対象を考えます。

「闘う」反応が強そうなメンバーに対しては、個別に対話の時間を設けて意見や不満を聴きます。皆がいると躊躇や抵抗がある場合は個別に、場所を移して行います。解決策を相談、議論する前に、相手の不満をまず聴き切ることに集中します。マネジャーとして今の状況で感じていることも、できるだけ安心できる状況の中で（できれば自身が緑のモードのときに）伝えます。このようにメンバーの高ぶった感情の発散やクールダウンを試みて、少しずつ「自分の思いや考えを聴いてくれた」と感じる人を一人ひとり増やしていきます。

行動する 複数名やチーム全員で話せるような状況が見えてきた段階で、この状況に関連するテーマを話し合う時間を持ちます。マネジャーは安心な状態（できれば緑のモード）を保てるように自分の状態やコンディションを整えて臨みます。余裕のない状況での設定は避けましょう。参加する際には、事前に手を握ったりどこかの存在を感じるなど、少し自分の身体のどこかに注意を向けてから、その場に入ります。

■メンバーのケース

①責任感は強いが、他者との協働やリスクの高い仕事に消極的なメンバーの状態

〈状況〉

責任感が強く、周囲からも信頼を得ているメンバーです。自分が任された役割を果たす

うえでは失敗を恐れるがゆえに用意周到に、丁寧に事を運び、安心できるよう着実にこなしますが、曖昧さを嫌います。それゆえなのか、自分より責任感が低いと思われる他者との協働を強く回避したがる言動（逃げる）をとるため、他のメンバーから、チームプレーを必要とする仕事に対して不満を持たれます。他者との協働では丁寧さが担保しきれず安心できないために回避したがることを、マネジャーとして理解します。

〈他者観察と対応〉

気づく（支援） そのメンバーの協働を回避する反応は赤のモード（逃げる）であることを、マネジャーとして認識します。対話の時間を持ち、相手の話（内容、表情、気持ち、身ぶり手ぶり）に集中します。深く聴いてもらえることによって安心し、表情に変化が見えてくるかもしれません。日頃の頑張りについてのねぎらいも自然な流れであれば伝えてもいいでしょう。そのうえで、可能であれば本人の赤のモード（頑張り傾向と他者との協働を避けたがる反応）について触れていきます。大切なのは、自分も対話に入る時点でできるだけ安心が保てている（緑のモードでいる）という心がけです。決めつけによる説得ではなく、質問しながら本人の自然な気づきを引き出すイメージで対話をします。

経験・調整する（支援） 日頃から他者との協働する際に失敗への不安やストレスがあること

とについて時間を取って、そのメンバーの気持ちを聴くように務めます。そして慎重さや他者との協働を回避する理由（「守りたいこと」「安心したいこと」）を聴き、マネジャーとして本人の状況を理解します（発散のサポート）。この状態から身体や心が和らぐのには時間がかかるため、対話はそれなりの回数を重ねる必要があると思ってください。

マネジャーは「もっと協働させよう」とコントロール志向（赤のモード）になるのではなく、傾聴を重ねて本人がやってみたいと思えるのを待ってみます（緑のモード）。

行動する 短期間で「変えようとする」のではなく、本人にとって負荷を感じ過ぎずにできること、難易度の低いことからアサインし、一つひとつ水準を上げていきます。安心できる経験が積み重なっていく様子を確認しながら、徐々に難しい協働へとつなげ、できた場合は明確に伝えて、承認します。本人が安心できる仕事の場数を増やし、領域を広げていくサポートに、結果を急がず取り組みましょう。

②自己評価を実際よりも高く持ち、１on１などで一方的に話す反応を見せるメンバー

〈状況〉

ネガティブなフィードバックや評価、リクエストなど、厳しい評価を受けるのを無意識的に回避する言動（逃げる）が出ている可能性があります。自分の考えや行動をアピール

するなど、自分の評価を高く維持したいという闘う反応（状況をコントロールしたいという意図）も同時に出ているかもしれません。「自分は正当に評価されていない」という不満や不安、自分に対する自信のなさからこのような反応が出ることもあります。

〈他者観察と対応〉

気づく（支援） 日頃の活動などについて話を聴く機会をつくります。褒めることによってではなく、「しっかり集中して聴く」ことによる安心を相手に持ってもらいます。マネジャーとしても本音で伝えられるよう、日頃からその人の長所や言動のよい点を理解していることが大切です。本人の認識を聴きながら、本人の状況を確認します（アピール欲求の背景にある不満などを可能な範囲で聴く）。この聴く時間を通じて、徐々に安心する表情などが増える可能性があります。

経験・調整する（支援） 打ち解けた、オープンな状態（できれば緑のモード）で話を聴きながら、本人のために必要と思える視点などを話し合います。望ましい結果に向かって会話をするというよりは、安心で自由に話ができる状態で傾聴を多めにして（6〜7割は聴く時間）、関連する題材で本人に伝えるべき点を伝えます。

行動する 相手がフィードバックを受け取るようにコントロールすることが目的ではなく、

安心した関係を築くこと、フィードバックはその先であることを頭に入れて対話を続けます。防衛的で自己評価が高いメンバーの場合、事実を受け入れるまでに一定の時間がかかるでしょう。事実を伝えた後は、一時的に評価が下がったとしても取り返せることや、努力の承認（ポジティブなフィードバック）のためにしばらく連続的に対話時間を持ちます。

◆　◆　◆

職場でよくみられる赤のモードのケースと、自己・他者観察の方法、調整の方法をご紹介しました。最後にこのモードで大切なことをおさらいします。

ビジネスシーンでは、赤のモードが一番多く表れやすいモードであり、入った際には間を置いて、モードの色を確認することです。自分や相手が「何を守りたいのか？」「どうやって安心をつくりたいのか？」「何に困っているのか？」を考えてみます。

自動反応は悪いものではなく、過去の経験から形成された選択です。よって赤のモードも悪いモードではなく、闘って逃げることで安心な状態を得るための反応です。実際のところ、ビジネスで成果を上げていく上では大切な働きをするモードであり、置かれた状況によっては最適なモードなのです。

一方で、この状態が長く続くと消耗が激しいため、調整が必要になります。また、何らかのきっかけで自動反応によって激しく怒鳴ったり、責任を回避するような言動を繰り返して周囲に迷惑をかけてしまう場合もあります。その点を意識した上で赤のモードに付き合うことが大切です。

第4章

青のモード（固まる／動けなくなる）を観察する

青のモード（固まる／動けなくなる）では何が起こっているのか？

1 ケースで理解する青のモード

本章では、「青のモード（固まる／動けなくなる）」について解説していきます。今回も職場で見られがちなケースからですが、２つあります。前章でお伝えした「ケースを読む際に持っておきたい視点」を再度意識して読み進めてみてください。

ケース1 A課長とCさんの会話

BB社、A課長のチームのもう1人のリーダーCさんは、いつも生真面目に仕事に取り組んでいました。彼は常に自身の仕事を真摯に遂行し、周りからは努力家であることで知られています。しかし、最近、彼の身に限界を感じさせるような出来事が起こりました。

ある日、Cさんの担当した仕事にミスが見つかり、それが重大な損失を招く事故へと発展したのです。この事故により、取引先や他のメンバー（Cさんのフォロワー）に迷惑をかけ、リーダーとしての面目が立たない形となり、精神的にも大きな打撃となってしまいました。

Cさんは以前から仕事を抱え込む傾向があり、A課長や、同じ組織内の先輩チームリーダーであるBさんからも、要領の悪さを指摘されていました。実際、彼は後輩に仕事を振れずに、自分で引き取ってしまうことも少なくありませんでした。後輩たちもCさんに甘えて勤務時間が上限に来ていることを理由にCさんに引き取ってもらっていました。周囲に弱音を吐かず、丁寧さ、慎重さを大事にするスタイルでここまで成長してきたCさんでしたが、リーダーになってもそのやり方を続けることには無理がありました。

また、最近は内緒で深夜残業をしていそうなことも、A課長や後輩たちはCさんの姿や表情から感じ取っていました。

Cさんは夜遅くまで仕事をしているため睡眠時間も十分取れておらず、寝ようとしても眠りが浅く、なぜか夜中や明け方に目覚めてしまいます。問題となった事故も、疲労が蓄積している状態がずっと続いていた中で起こしてしまったものでした。単純作業のミスであり、なぜそんな仕事をリーダーのCさんがやっていたのかという驚きもA課長にはありました。


今回のミスによって、Cさんは心底落ち込みました。仕事をしている間も周囲への罪悪感や、自分を罰したい気持ちや考え、恥の感情などが頭や心の中でぐるぐると渦巻いています。

同時に、何とか信頼を回復したいとも思いました。しかし、睡眠不足や緊張感の限界もあり、身体や気持ちが思うようになりません。疲れ果てて自分を奮い立たせるエネルギーも湧きません。それがまた次の感情、「自分はどうなってしまうのだろう」「もう終わりだ」といった焦りと不安につながり、Cさんの心を埋め尽くしていきました。

A課長から「大丈夫？」と声をかけられても、Cさんは視線も合わさず「大丈夫です」としか言いません。彼の内面では激しい葛藤が起きていました。

実際、Cさんの思考は鈍く、停止してしまったかのようでした。彼は何をすべきか、どうすればこの状況を打開できるのかを考えることができず、まるで身体が自分を裏切っているように感じていました。彼は心からこの困難な状況を打破したいと願っていましたが、自身の身体と感情が、その願いをかなえることができないようでした。

繁忙が途切れない職場環境で、若手や優しいタイプのメンバーに起こりがちなケースかもしれません。また、今は一人ひとりが、限られた時間の中で相当な仕事量をこなさなければならない時代です。若手が対応できない実務を、リーダーやマネジャーが引き取って深夜残業している状況も他人ごとではないでしょう。

ケース2 取引先での会議におけるDさんの状況

BB社、A課長のチームのもう1人のリーダーDさんは、取引先Grows社営業本部の責任者との難しい会話に立ち向かっていました。この取引先責任者は常に自身の要求を高圧的に強調し、BB社側のコンサルタントたちを圧倒しようとしてきました。同僚たちは、このクライアントに対する対応に疲れ果てており、A課長は何とかしてこの会議を良好な結果でまとめたいと感じていました。

会議の場には、取引先責任者、BB社のコンサルタント、そしてA課長とDさんの4人がいました。議論の最中、コンサルタントが取引先企業情報の前提を知らずに不用意な発言をして先方の誤解を招き、この責任者の機嫌を損ねてしまいました。Dさんはこの状況に直面し、チームで状況を切り抜けたいという気持ちがありながらも、うまく立ち回れずに、言葉を失ってしまいました。

Dさんはこのとき、胸がぎゅっと締め付けられるような感覚を覚え、焦れば焦るほどに考えがまとまらずに混乱しました。Dさんは取引先責任者が感情的になって語気を荒げる場面に、以前から何度も直面していますが、そのつど他のクライアントとの間では経験しないような焦燥感が現れるため、苦手意識を持っていました。Dさんは自身の感情を、暴力的な態度に対する嫌悪感だろうと捉えていたのですが、この責任者といくら会話を重ねても慣れることができず、改善の兆しが見えません。

この会議の場面でも、焦りや無力感がこみ上げ、話をどう進めればいいのか見当がつかない状態になっていました。考えようとすればするほどに焦りが出てしまい、沈黙が続きます。呼吸も浅く、下を向いて動きが止まっているようでした。

Dさん自身も他の社内メンバーも、この1分ほどの沈黙の時間を本当に長く感じました。焦りからか、寒い時期にも関わらず汗が出てきて、シャツが湿っていることが自分でもわかりました。

コンサルタントからも発言を期待されているのが伝わってきましたが、なかなか言葉を発することができません。なんとかしようと思えば思うほどアイデアが浮かばず、頭の中が真っ白になってしまいました。

Dさんの沈黙の後、A課長が話を始め、責任者の表情も徐々に落ち着いたものになっていきました。

大事な場面で、頭が真っ白になったという状況です。経験豊富なマネジャーであれば、こうなる前に対応策や話の進め先を見いだせるでしょう。しかし、経験の浅い人や若手メンバーが沈黙してしまうことは珍しくありません。

どちらも「固まる／動けなくなる」

本章で解説する身体のモードは、「青のモード（固まる／動けなくなる）」です。冒頭の2つのケースはそれぞれ、以下の状態を表しています。

ケース1：疲労が溜まって自分では対処できない状況が続き、身体のほうが先に危険を知らせて動きが鈍くなっている「固まる①」状態

ケース2：切羽詰まった場面で、瞬間に思考や動きが「固まる②」の状態

どちらも「固まる」なのですが、ケース1は時間をかけて徐々に進行しており、ケース2は瞬間に起こっている状態といえます。

なお、ケース１の状況は長引けば、メンタルダウン（うつ病など）に進んでしまう危険な状態です。ただ、本人の性格が起因するものと周囲から見られ「注意不足」、「コミットメントが弱い」「要領が悪い」、などと捉えられる可能性もあります。

ケース２は経験不足やあるいは過去のインパクトの強かった経験が想起されたり影響されたりして固まってしまった状態です。本人は極度の緊張状態と捉えているかもしれません。

しかし、前章で紹介した「自動反応」の見方を採り入れると、ＣさんとＤさんの見え方も変わってきます。本人が意図してそうしているのではなく、身体が先に反応して、心（思考・感情）に作用しているという見方です。身体の反応の影響は大きく、なんとかしたい気持ちがあるのに、身体に逆らえない状況です。また、このモードの特徴として、思考の働きが鈍くなるため、いくら焦ってもどうにもできない状況に陥ります。そんな何もできない状況に対して自分を責めたり（罪悪感）、恥の意識を持ったりすることもありますので、このまま放置するのは危険です。

仕事を進めるうえでは陥りたくないモードで、ないほうがいいように見えます。しかし、このモードに陥ることには、身体的に見ると意味があるのです。このモードは生命・身体にとって、とても大切な働きです。２つのケースの違いや共通点なども踏まえながら、青のモードを深く理解していきましょう。

２ 青のモードの３つの状態

頭も身体も動かない

青のモードと、前章の赤のモード（闘う／逃げる）は、どちらも脅威や敵といった危険に対する対処のモードです。敵は人に限らず、状況や環境であることもあります。

青のモードには、その脅威がさらに大きなものだったときに入ります。赤のモードが対象に対して能動的に動いて働きかけるものであるのに対し、青のモードは受動的で、動かず活動が止まりますが、止まることによって自分を守るモードです。

〈固まる①停止〉

- 長期に疲れやストレスが蓄積して起こる状態
- 身体に疲れやだるさが強く感じられ、外に注意が向かない状態
- 思考があまり回らず、動けないことに焦りを感じる状態

※ケース1のCさんの状態

〈固まる②緊急停止〉

■瞬間的に強い危機的な刺激を受けて起こる状態
■PCがキャパシティ以上の大きな負荷を受けて〝固まる〟ような状態
■その瞬間、発言・リアクションができない状態（頭も身体も動かない）
■何をしたらよいかわからなくなった状態

※ケース2のDさんの状態

〈動けなくなる〉

■まったく動けず、うちにこもった状態
■身体も心も休息が必要な状態、または休養中の状態

※ケース1のCさんは、休養しないと、この状態になっていく

「固まる」が2つで、さらに「動けなくなる」があって、ややこしく感じるかもしれませんが、どれも身体や頭が動かなくなる状態です。どうにもならない状況に対して、身体が「危険」と判断して、まるでPCが固まったり、ボウリングでセコンドが試合を止める

図4-1 青のモードの全体像

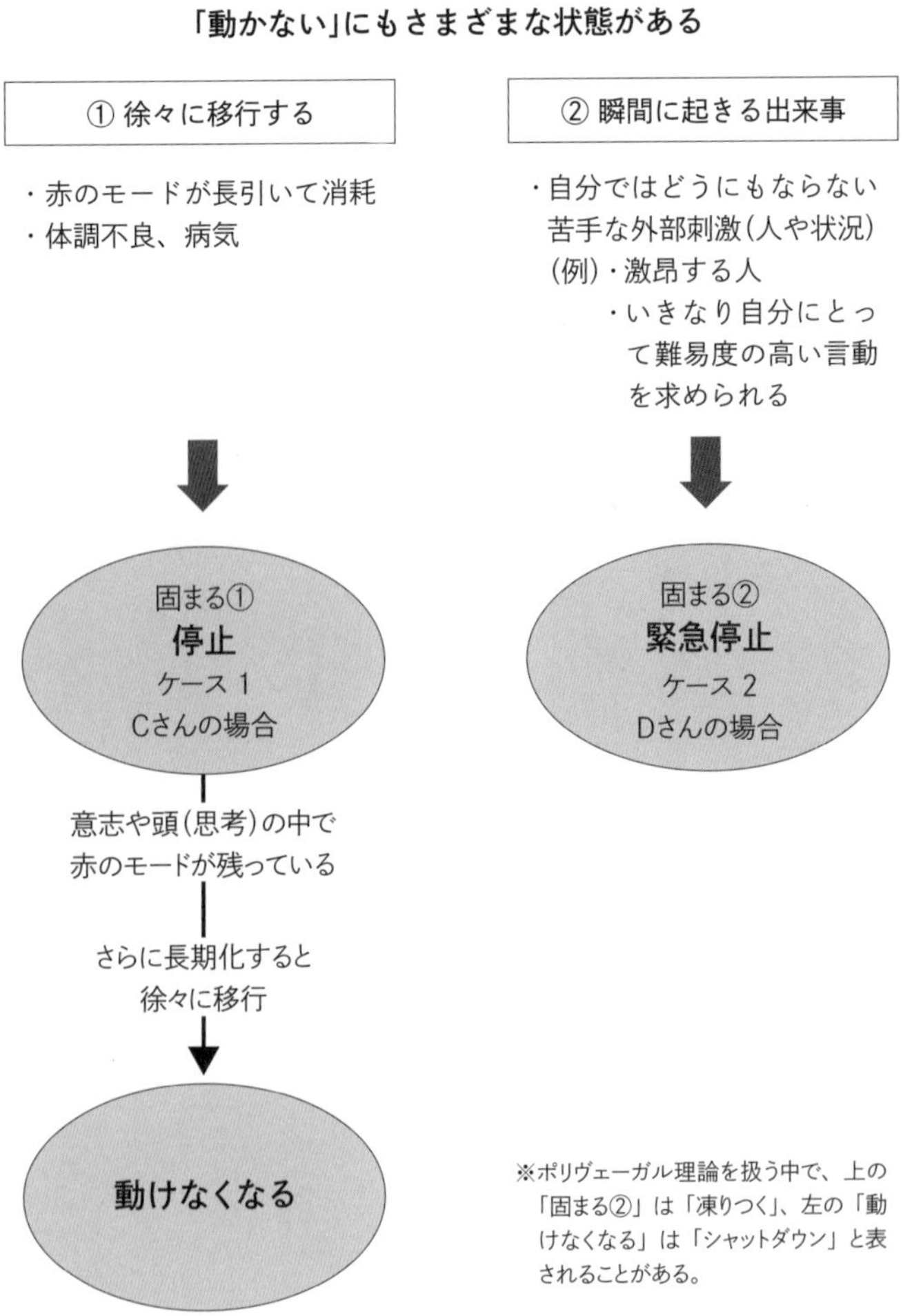

※ポリヴェーガル理論を扱う中で、上の「固まる②」は「凍りつく」、左の「動けなくなる」は「シャットダウン」と表されることがある。

ように、機能停止に近い状態になっていきます。

さらに青のモードは、状況によって体験が2段階あるといえます。最初は、身体は青のモードであっても、意志や頭（思考）の中では赤のモードが残っていて「なんとかしよう」としている「固まる①」の状態です。その状態が長く続くと、どうにもならないことを受け入れざるを得ない状態、つまり休息に入って、純粋な青の状態に入ります。2段階あっても状態としては同じで、身体や頭が動かなくなるということです（**図4－1**）。

どんなときに青のモードになるのか？

危機的状況では、最初は赤のモード（闘う／逃げる）が立ち上がります。しかし以下の状況が続くと、青のモード（固まる／動けなくなる）に入っていきます。

- 赤のモードでは対処しきれない、相当に危険な状況（脅威）に直面したとき
- 赤のモードでの対処が長く続いたとき
- 心身に無理が続いていて、我慢の限界に近づいてきたとき
- 体調が悪いとき、病気のとき

哺乳類の中には、たとえば「オポッサム」という動物のように（写真）、太刀打ちでき

ない強敵・脅威が来ると、身体機能が停止して「死んだふり」をする本能を持つ種がいます。まさに「どうにもならない、自分にはお手上げな状況」のとき、青のモードに身体的に切り替わっていきます。というのも、多くの動物たちが、死んだ獲物は食べず、生きた獲物を捕食するため、身体を「死」に近い状態にして身を守る「生存戦略」をとっているのです。人間は、死んだふりこそしませんが、動きが止まります。

iStock/Lightwriter1949

青のモードの「身体反応」は、特定の傾向を持つ相手や状況に対するパターンを身体が覚えていて、そのパターンを迎えると固まる／動けなくなるモードに入るというものです（自動反応）。特定の傾向の相手とは、たとえば高圧的な人、すぐ激昂する人など。特定の状況とは、苦手な種類の仕事や対応、複雑性が高い案件、とっさの場面で発言やアドリブなどが求められるような状況、大勢の前や大事な場面でのプレゼンテーションや質疑などでのやりとり、極度に疲弊した状況などが多いでしょう。赤のモードと同じく、これらは過去の経験の影響を受けた反応です。

人や状況といった外部刺激だけではなく、特定の思考や感情、身体感覚などの内部刺激

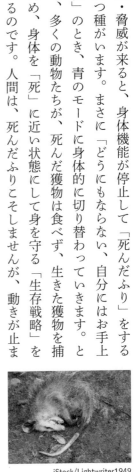

の2つがきっかけとなって表れます。まず刺激に対して身体が反応して、闘っても逃げてもどうにもならないと感じてシャットダウンするという流れです。このときも、思考、感情は身体の反応の後です。

大切なことは、前章で触れましたが、青のモードも他のモードと同様、「何かを守ろうとしている」「安全を得ようとしている」という目的があるということです。赤のモードは、動くことによって安全を確保しようとしますが、青のモードの場合は**動かないことによって安全を確保するという自律神経の働き**です。

青のモードについても、それぞれの身体反応、思考、感情がどんなふうに表れるのかを、詳しく知っていきましょう。

3 青のモードの身体と心

青のモードの「身体反応」とは？

赤のモードの場合、身体は外にアンテナを向けていましたが、青はその逆です。エネルギーの消耗が激しい赤のモード状態が長く続いて、青のモードに切り替わる場合、自分の外から来る情報を遮断しようとします。つまり、身体が外の情報を受けつけず、内側に向かって「省エネモード」に入るのです。

赤のモードが瞳孔や目が大きくなり表情を険しくするのに対して、青のモードでは瞳孔が閉じて目が小さくなり、視線は相手に合わせず、イラストのようにうつむきがちになります。五感も視覚、聴覚や嗅覚などが鈍感になっていきます。放心状態に近く、人の話も耳に入りにくい状態です。表情は無表情に近くなり、呼吸は浅く、緩く、弱々しくなり、ため息も出やすくなります。エネルギー不足で、会議中に寝てしまう、ということもあるかもしれません。声も小さめなため、周囲からは元気がなかったり、自信がなさそうに見えます。

全身の筋肉も緩んで力が入らず、倦怠感や疲労感を感じやすくなります。心拍数が下がり、血圧も低くなります。表情も青白くなって、他人から見ると無表情で覇気がないように映るでしょう。動きもゆっくりになり、姿勢も前屈みになる傾向があります。全体的に動きがスローになって、頭の回転も鈍く感じ、細かいことを記憶したり、マルチタスクを行ったりすることに負担を感じるようになります。体内でエネルギーを生み出す胃や腸は逆に活発になるのですが、腸の働きすぎによって下痢になる場合もあります。

こうした青のモードは生産的な状態とは言えません。赤のモードが長く続いたために出てくる「極限状態」と考えると理解しやすいでしょう。

青のモードで生じやすい「思考」とは？

身体の状態と同じく、思考も赤のモードとほぼ反対の傾向になっていきます。外から取り込める情報が少なくなり、考えも鈍くなったり、まったく考えられずに頭が真っ白になったりします。何かを考えられたとしても、消極的で否定的な思考が多くなります。発言も思考の結果のため、少なくなる可能性があります。

そんな自分を「情けない」、「何をしてもうまく行かない」などと責める考えが浮かんだり、「もう終わった（終わらせたい）」、「一人になりたい」、「どうでもいい」、「燃え尽きた」、「何もわからない」といった否定的な思考がぐるぐると回り続けてしまいがちです。こういった負の思考のループが続き脳が疲れて、さらに辛い状況に向かうこともあります。

物事を判断するのが難しく、「何かをしても失敗するのではないか」といったマイナス思考に陥ります。マイナス思考で思い悩んで仕事が遅くなる→焦る→頭真っ白の繰り返し、というストレスフルな状態が続いて、逃げることもできずにもがきます。

職場では多くの人が赤のモードで素早く、エネルギッシュに活動しているため、青のモードに入っている人は、周囲と自分の動けなさを比べて自責の念や罪悪感にかられやすくなります。また赤のモードが主流の組織では、青のモードに入っている反応を性格の問題と捉えられ、批判される可能性が高いです。マネジャーはその状況をまず理解して、その人が安心を感じながら青のモードから抜け出すような関わり方をすることが大切です。

青のモードで生じやすい「感情」とは？

このような状態では、憂鬱や悲しみなどの感情を抱きやすくなります。自分に対する卑下、不信や罪悪感を抱き、周囲にも迷惑をかけていると感じたりします。自分に対する無力感から、自暴自棄、諦め、孤独感、絶望感なども浮上しやすくなります。

さらに悪い状況が続くと、この場からいなくなりたい、死にたい――などという気持ちになるメンタルダウンに発展することもあり、ここまで進むと、心の専門家が介入・支援をしっかり行うべき状態になってしまいます。メンタルダウンや「動けなくなる」前に、適切なケアが必要です。

4 青のモードの本質と、移行のプロセス

身体からの「充電」の要請

できれば避けたくなるような青のモードですが、私たちにとって、どんな意味があるのでしょうか。ここまで読み進めた方の中には、青のモードを「悪い」モードだと思われる方もいるでしょう。しかし、よく理解していただきたいのは、この反応も命を守るために大切な状態であり、「充電」モードであるということです。

哺乳類の基本的な性質として、危険や脅威がなく落ち着いているときは、他者や群れとつながって問題に協調的に対応しようとします（次章で述べる緑のモードの状態）。しかし、それでは立ち行かないときにアクティブな赤のモードに入り、敵や危険な状況に対して正面からぶつかって（もしくは逃げて）身を守ろうとします。ただ、赤のモードはエネルギーの消費量が多く、長期になると消耗が激しくなるため、長引くと一転、緊急停止し、充電しながら身を守る青のモードに入って対応します。これは意志・意識による切り替えではなく、自律神経の働きによるものです。

こうした青のモードをビジネスパーソンの視点から見たとき、どんなモードといえそうでしょうか。それは、**自分だけではどうにもできない状況に対し、自分の弱さを受け入れ、自分のできなさや現状に向き合う期間や体験**、といえると思います。困っている状況があるのに周囲を慮ってギブアップせずに頑張り続ける、しかし結局抱えきれずにオーバーフローして迷惑をかけてしまう――この負の循環を繰り返さないために、今の自分の状況をごまかさずにしっかりと見て、まずは身体からのサインやニーズにしたがって休息を確保することが大切です。また負荷を減らして、その中で自分が今できることを探したり、自分にできないことを見極め、仲間や上司に助けてもらう。そうしたほうが最終的によい結果に至ることも多く、疲労を回復できたり、職場や仲間への安心感や感謝につながる場合もあります。青のモードはこうしたことを知らせてくれる大切な役割を持ったモードなのです。

また、身体や思考、感情からサインを受け取れるようになれば、青のモードに入っても、エネルギーチャージや疲労回復、困難な状況に対して周囲に助けを求める方向へと事を運べるようになります。そうすれば、緩やかに疲れや心的ストレスが緩和され、現状復帰を目指すことができます。この観察に慣れれば慣れるほどに自分を理解できるようになり、早期に回復や助けを選択できるようになるでしょう。青のモードから情報を得て、心身が求める方向に対応し、状況を乗り越えることができるのです。

青のモードを避けるのではなく、その存在を受け入れて、対処に慣れていきましょう。

「固まる→動けなくなる」へのプロセス

〈初期段階：固まる①②〉

固まる→動けなくなるの移行プロセスについても言及しておきます。どうにもならない状態をもがきながら、徐々に抵抗を諦めて自分に向き合っていくまでの期間、それを描いているのが冒頭のケース1のCさんの状態（固まる①停止）です。頑張りたい気持ちとはうらはらな身体の状態があり、この状態が長く続くと身体が動かなくなっていきます。

「固まる①停止」はまだ青のモードの初期段階です。赤のモードが続いて、それでもどうにもならないとき、まず身体が察知して休息を確保しようとします。身体の状態が変化していても、まだ赤のモードが働いていて、状況をなんとかしたい、回避したいという姿勢が残っています。心と身体が違った方向を向いている状態です。

〈後期段階：動けなくなる〉

この停止状況がさらに進むと、赤のモードはほとんどなくなっていきます。身体のだるさや動かなさに対し、自分の意志ではどうにもならない状態となり真の休息・充電に至ります。もはや「どうにかしたい」、「回避したい」のではなく、降参した状態で、おそらく職場では、上司や近い先輩に相談をし、休暇を覚悟している段階です。頭では休んでいいのだろうか、と心配でしょうが、自律神経が先導して必要な休みに入ろうとしている時期であり、非常に長い時間寝続ける、ということもあるでしょう。実はこれは、身体が自分を守ってくれて、回復に向かっている状態です。

5 青のモードの注意点と対処法

自分では気づきにくい

青のモードに入っているときに、できる対処はあるのでしょうか。前章で、モードへの基本の対処法として、3つのステップ「気づく→経験する→調整する」を取り上げました（P98）。ただ、青のモードは、自分では入っていることに気づきにくく、気づけても身体も頭も動かないため対処に向かう選択をとりづらい状態です。そこで、まずメンバーが青のモードになったときのマネジャーがとれる対応を紹介します。そして次に、マネジャー自身が入ったときの対処法を説明します。

青のモードには「徐々に移行する落ち込み（固まる①停止）」と「瞬間に起きる出来事（固まる②緊急停止）」の2つがありました（P128図4-1）。そこでチームメンバーが青のモードに入った際の対応を考える場合も、この2つに分けて見てみましょう。

①徐々に落ち込んでいるメンバー（固まる①停止）への対処

赤のモードが続いたときや、体調が芳しくなく落ち込んだ場合の回復の働きかけですが、まず最初は、なんといっても**「休息」**です。休養や睡眠を取り、心身を休ませます。当たり前なようですが、現代ではしっかりと休めているビジネスパーソンの方が少ないでしょう。疲れて不安で、思考も鈍く消極的になっています。そこに焦りが加わって堂々巡りの思考の体験がさらに疲れを増幅します。その悪循環から救ってあげるのです。

メンバーの言動や表情などを観て、青のモードに入っていそうな場合には、休息が取れるようその人の仕事を他の人に渡すなどの判断が求められます。早ければ早いほど有効ですし、やるのであれば一気に一定の負荷を減らしたほうが、早く適正な状態に戻るはずです。「仕事で悩んで不安だったものの、一度諦めて寝て起きたら、ふと解決策が見つかった」という経験は、皆さんもお持ちのことでしょう。身体がサインを出しているのですから、まずは身体を休めて回復を待つことです。

周囲からのさりげないフォローや優しい声かけ、話を親身になって聴いてもらえるといったことももちろん有効であり、心が元気を取り戻す助けになるはずです。ただし、この「親身」とは「回復してほしい」と（赤のモードで）相手を変えようとするものではなく、役割や立場、目的をいったん横に置いた（緑のモードでの）関わり方です。その意味で、本人と仲のよい、横や斜めのフラットな関係の人に話を聴いてもらう機会を設けるように動くのも、有効といえるでしょう。

この状態を放置して、我慢が長引くと、先述のとおり「動けなくなる」に徐々に移行していくことになるでしょう。そうなると、回復しようと本人がいくら頑張っても難しい状態に陥ります。ダウンする前に人事部門や専門家の意見や対応に委ねるなどして、早期にそのポジションから外れることに向けて動きましょう。無理をしすぎて対応が遅れると、回復期間も長引きます。とにかく早期発見のための観察と、早期対応の調整が大切です。

②瞬間的に固まってしまったメンバー（固まる②緊急停止）への対処

次に「緊急停止」の場合の対処法です。この状態も、自分では気づきにくく、本人にとっては状況に飲み込まれてしまったような状態です。気づけたとしても身体と心（思考）が活発ではないため、自分で意識を取り戻して切り抜けるのは非常に難しいものです。

そこでお勧めしたいのは、「なってからの対応策」を模索するのではなく、本人が青のモードに入りやすい傾向や、なりそうな状況を知っておく（予測と回避）ことです。

〈「緊急停止」に陥りやすい状況の例〉

- 対応が苦手な性格の人との会話
- 大勢の前でのプレゼンテーション、アドリブでの会話
- 睡眠時間が少ない状況が一定日数続いた状況でのプレゼンテーションや大事な対話
- スピードと正確性の両立が求められる、長期に亘るマルチタスク

メンバーと、過去に緊急停止した状況についてオープンに話す機会が持てるのが理想です。そうして飲み込まれがちな状況を把握して予測をしつつ、実際に飲み込まれてしまった際にとれそうな切り抜け方（さりげなく気づかせる声かけなど）や、その他支援できそ

うなことについて確認しておくと、大きな安心につながることでしょう。

あなた（マネジャー）が青のモードになったら

他方、マネジャー自身が青になった際の対処法ですが、青のモードは、自分で気づきにくいモードですが、それでも可能な限り「気づく」ことが第一歩です。幾多もの難局を切り抜けてきたマネジャーの皆さんであれば、自身のコンディションに何段階かのレベルがあることを薄々ご存じだと思います。本章を参考に、青のモードの初期段階に入ったらそのことに気づき、身体面での疲労や気分の落ち込みを自覚して、こまめな休息、睡眠を取ることを心がけてください。マネジャーは組織内で孤独になりやすいものですが、コーチングを誰かに依頼したり、話を聴いてくれる仕事仲間や、会社とまったく別の外部ネットワークなども視野に入れて「聴いてもらえる」ホットラインを保ちましょう。なお、組織が違っても同じ立場なら仕事の背景や難しさを想像しやすいため、他部門や他社のマネジャーと相互に話を聴き合うつながりをつくっておくと、心強い助けになります。

青のモードに入っていると気づいた後は、自分を否定する感情や自責の念、自信を失うような思考が続くかもしれませんが、その場合、無理に自分を立て直そうとする必要はありません。立て直そうとするのは赤のモードに戻そうとすることであり、身体の流れに逆らうことになります。「今、自分は自分を駄目だと思っている」など、感じていること、思考していることをただ認めます。感情や思考を否定せず、無理に消そうともせず、あるものとして眺めるような姿勢で受け止めます。そして少しでも身体を休めたり、他人に打ち明けるなどの対処ができるようであれば採り入れて、状況の推移を観ていきます。

このタイミングが遅れて「動けなくなる」段階まで行ってしまうと仕事ができない状態になってしまいますので、とにかく早く青のモードに入っていることに気づいて、可能な限りの対処を行います。対応が早期であればあるほど回復も早いものです。

なお、「緊急停止」の対処法は、メンバーの場合と同じです。ご自身が青のモードに入りやすい傾向や、なりそうな状況を知っておき、予測と回避をします。開示するのは難しいことですが、信頼できるメンバーに話して助けを得ましょう。

社内外の専門家を遠慮なく頼り、メンタルダウンを防ぐ

繰り返しになりますが、メンバーに対しては、特に初期段階の「固まる①停止」の段階で気づいて本人と対話をし、少し負荷を減らしたり、サポートをすることが大切です。本人の言葉自体より、その奥にある青のモードの情報（感情、表情、身体の様子や反応）を

注視しながら、まず話をよく聴くことをお勧めします。

ただ、一時的に負荷を減らしたり本人の話を聴くことで回復できる状態を超えてしまっている場合もあるでしょう。その場合は、社内外の心理・健康の専門家の助けを早めに借りるべきです。第1章でお伝えしたように今の組織運営において、心身の状態の管理は非常に難易度が高い状況です。組織を預かるマネジャーとして、メンバー一人ひとりの内面をすべて把握していることは難しいため、気になる状態や症状が観えた場合は早めに動くことが、本人にとっても組織にとっても重要です。

デリケートな話であるため、本人やチームにどんな形で介入するかを慎重に専門家に確認し、対応を判断・選択する必要があります。

6 身近なところにある青のモード

本章でも、職場で起こりがちな青のモードの例を挙げながら、向き合うポイントを紹介しておきます。青のモードは対処が難しいモードです。マネジャーとしては、緊急停止しがちな人や、長期的に疲れが蓄積していそうな人の反応を日頃から観察して、さりげなく介入したり、可能ならば本人が困っていないかを話し合える機会を持つことが大切です。

■マネジャーのケース

①苦手なメンバーとの1on1の場面で、伝えにくいことをフィードバックしようとするが、威圧的な発言をし続ける相手に対し、言葉に詰まってしまうマネジャーの状態

〈状況〉

特定のメンバーが苦手、ということは人間なので当然あることですが、このマネジャーは、ある強気で威圧的なメンバーとの対話やフィードバックに困難さや恐れを抱えています。危機を自動的に予測して必要以上に不安を感じている状況といえます。ときに厳しい指摘もしなければなりませんが、プレッシャーや、対応の選択肢の少なさもあって思考が停滞して、発言ができなくなっています（緊急停止）。

〈自己観察と対応〉

気づく 緊急停止は、自分で気づくことが難しいため、自分の反応のパターンを予め、「こうなることもあるだろう」と事前に想定しておきたいものです。対話の間に緊張した際は、間を置いて、青のモードで緊急停止の反応の中にいることに気づきます。頭が回らないことにも可能な範囲で気づけるのが理想的です。

経験・調整する　気づいた場合は、どうにかしようとすることを止め、いろいろ考えてしまったり、逆に何も考えられない状態から、いったん自分の呼吸や肌や、地面や椅子などの身体との接地面を意識し、自分の身体に注意を向けて落ち着きます。それから、ゆっくりでいいので、話せることから自分のペースで話し始めます。上司としては本来、不都合な本音なども話すことで打ち解けて、関係性が変わることもあります。

行動する　事前に、このメンバーが高圧的な態度を取るのは「何を守りたいのか？」「どのように安心したいのか？」などを考えたり、会話の中から想定しておくといいでしょう。実際に対話をしている最中に言葉に詰まったら、いったん短めの休憩を設けて流れを変えてから対話を再開するのも助けになるでしょう。

②仕事の繁忙やプライベートの事情から、長期的に休息不足や緊張が続き、ストレスや疲れがピークに達して「動けなくなる」が近いマネジャーの状態

〈状況〉

自分ではどうにもできそうにない困難さを前にすると、他の人に打ち明けようという気が薄れ、解決しようとする意識も低下していってしまいます。疲れた身体の重さや無気力感に飲み込まれていく状況です。このまま我慢、抑圧するとさらに気持ちが内にこもって、

思考も行動も消極的な状態に入っていってしまいます（固まる→動けなくなるへの移行）。

〈自己観察と対応〉

気づく 困難な状況や連日の疲れが溜まっている状況をできるだけ観察します（自分のモードは何色か、どんな思考、感情や身体の感覚があるか）。青のモードと判明したら、自分の疲れやストレスがどの程度なのか、自分の尺度でいいので考えてみます。たとえば、もっとも疲れて、緊張している場合を１００として今はいくつなのかなど、数字に置き換えて程度を確認してみましょう。

経験・調整する 否定的な思考や感情が生じていることを、ただ観察します。無理やりなくそうとしたり、ポジティブに立て直そうとせずにそのまま、そういった状態であることを受け止めます。そして、必要な休息を確保しましょう。難しければ、利害関係がなく、自分の状況を打ち明けられそうな人に話を聴いてもらいます。克服しようとするより、まずは身体と気持ちの元気さが自然に回復するときを待ち、急がないようにします。

急を要するレベルだと自ら感じた場合は、組織内の斜めの同僚（同じ立場の人）や上長に状況を打ち明けて、支援を頼みます。

行動する 身体が楽になるスケジュールの組み方、組織内の業務配分の見直しなどを早急に行い、自分の業務もできるだけメンバーに渡します。1日単位の休暇が取れない場合でも1～2時間毎に短時間で休憩や気分転換の時間を取る工夫をしましょう。休憩は取りづらいと思いますが、取らないことで倒れてしまったり、厳しいコンディションの中で意思決定を行い続けるよりはいい、と自分に言い聞かせます。

■メンバーのケース

①同僚からの厳しいフィードバックや批判に反応できず、突然沈黙するメンバーの状態

〈状況〉

本人の予測を超えた、あるいは苦手な状況に直面し、安心感を喪失した反応（緊急停止）です。身体が動かず、思考も働かない状態であることを、マネジャーとして観察を通じて気づきましょう。

〈他者観察と対応〉

気づく（支援）　できるだけ自然なタイミングで両者の間に入り、3者で会話をします。違和感のない、話の区切りのよいところで休憩時間を挟みます。緊急停止をしている本人とは、休憩時間の合間に本人の話せる範囲で話を聴き、理解者でいることを試みます。状況

を把握する機会となり、安心にもつながります。

経験・調整する（支援） 無理やり立ち直らせようとせず、本人が安心感を感じる環境を確保することに務めます。マネジャーも、自分が安心して（緑のモードにいられるように）リラックスし、話したいことを素直に話してもらうように、本人と時間を持ちます。休憩が終われば休憩前と同じスタンスを保ち、3人で会話を続けます。困難と見られる状況ではマネジャーからの会話を意識的に挟みます。

行動する 事後のフォロー（傾聴）を重点的に行います。初めて経験したことだったのか、以前から同様の傾向があったのかといった、人や状況などについて、本人が安心して負担なく話せる範囲で聴きましょう。話してもらった場合は、どういったフォローが望まれるかを一緒に考えたり話をするのもよいでしょう。先々の安心や助けになります。

②チーム仕事の進行が遅れている中、焦りや疲れから仕事の効率が下がり、否定的で消極的な発言が増えているメンバーの状態

〈状況〉

状況に受容的なメンバーによくあるケースです。多くのタスクを引き受けたり、本音や感情を抑圧する傾向がありストレスを抱え込んでしまいます（赤の「逃げる」の反応）。

仕事を抱え込みすぎて自分のキャパシティを超えると発言や思考に前向きさがなくなっていきます。気持ちが外に向かうときは、外の要因や環境を否定したりと他責の姿勢を見せます（赤の「闘う・逃げる」）。他方、閉じて内向きになり、自己否定に入っていく場合には、堂々巡りな自責の反応を見せます（青の「固まる」）。

〈他者観察と対応〉

気づく・経験する（支援）　マネジャーとしてはメンバー本人の身体の様子（表情や目線、発言の内容、動作）などを観て、平常時との差が大きくなる前に、できるだけ早いタイミングで本人と時間を取って話をします。

いきなり本人の状態について話すのではなく、業務の状況についてポジティブな点から話を始め、それからうまく行っていない点や本人の内面の心配ごとを聴（訊）きます。

睡眠時間や身体の緊張、最近よく考えていることなど、話せることを話してもらいます。話すことによって自分の状態や置かれている状況に気づいてもらうことが目的です。

調整する（支援）　まず本人にとって安心が感じられる状況や時間をつくります。誰かに話を聴いてもらったり、愚痴を打ち明けたり、気にかけてもらえるだけでも安心につながります。

行動する 徐々に、助けが必要なことはないかを質問したりと、必要に応じてサポートを提案します（大丈夫と答える場合が多いですが、言葉どおりではないことがほとんどです）。具体的には進行や担当の調整、負荷の分散といった対応になるでしょう。

◆　◆　◆

個別に支援する対応を多く記しましたが、マネジャーが現場に同席してすべてに介入するのは物理的に難しいと思います。リーダークラスとも、本書のような考えや方法を共有し、青のモードの傾向のあるメンバーのサポートを、チームで取り組んでいきましょう。

上司部下といった〝縦〟の関係性では、青のモードに入っている際に本音（苦しさや困難さ）を話しにくいものです。そのため、直接的な指揮系統から外れた、斜め横の先輩等が話を聴いて安心を確保するといった、ネットワークによるサポートも大切になります。

青のモードに入った際の内向きさ、消極的、受け身、自己否定の姿勢や自信のなさなどは、自分を守る反応ですが、赤のモードで闘い頑張っている周囲からは批判の対象になりかねません。せめてマネジャーだけでも、この状況は本人の性格ではなく反応であるということを念頭に置いて対応してください。

そしてマネジャー自身も、繁忙が極まって「動けなくなる」前に、早い段階で自分や他者を観察して青のモードに気づくことを忘れないでください。

メンバーのモードが赤でも青でも、マネジャー自身は安心して、緑のモードで向かい合うことがとても大事になります。そのことによってメンバーの状態も変わっていきます。これは変化させようとするものではなく、緑の状態を伝播させ、周囲を緑で染めていくような考え方です。

次章では、その緑のモードについて理解していきましょう。

第5章

緑のモード（安心する／つながる）を観察する

緑のモード（安心する／つながる）では何が起こっているのか？

1 ケースで理解する緑のモード

第5章は「緑のモード（緩やかなブレーキ：安心する／つながる）についてです。本章のケースは、前章ケース1のA課長とCさんの、その後のやりとりです。

ケース A課長とCさんの会話

Cさんは悩んだ末に、A課長に時間をもらい、自分のミスで皆に迷惑をかけて罪悪感を感じていること、挽回したいのに身体が言うことを聞かないことを正直に伝えました。身体的には力がない状態で、顔は血色が悪く、下を向きがちで目は合いません。

呼吸は弱々しく、浅い状態です。

話を聞いたA課長は、普段とは違う柔らかい雰囲気で、優しい顔を浮かべてCさんに話を始めました。話し方も普段よりゆっくりです。

「そうだったんだね。Cさんのことだから一人で悩んだ末、私に伝えに来たのだと思う。まずはここまでとても頑張ってきたね。本当におつかれさま。苦しい中でここまで支えてくれてありがとう。最近のCさんの様子を見て、心配していたんだ。状態を素直に話してくれたこともありがたいと思っているよ。これからのことだけど、今の仕事から少しの期間外れるか、負荷を減らしたりしてはどうだろう？」

Cさんは自分が業務から外れたり、負荷を減らしてもらうことによって他のメンバーにかかる負荷を心配して萎縮し、悩みました。視線はさらに下に向かい、ため息が漏れます。そして、少し話すペースを速めて言いました。

「でも、私が抜けてしまったら、残業続きの皆さんにさらに負担がかかりますし、またA課長はX部長にいろいろ言われてしまいますよね。私のミスがわかったときのように……」

A課長は少し苦笑いしながらも、優しい視線を送り、ゆっくりと丁寧に言葉を選びながら答えます。それはCさんが最初にこの場で話し始めたときと同じようなペースでした。

「まあ確かに、今期このチームはトラブル続きではあるし、業績も伸び悩んでいるよね。でも、実は1ヶ月くらい前から、自分のやり方自体に問題があるのではないかと思い始めていてね」

Cさんは無言で、A課長の次の言葉を待ちます。A課長はゆっくりと続けます。

「……今までの、細かく指示をするスタイルに限界を感じてね。これまでとはぜんぜん違うやり方に変えてみたいと考えているんだ。業務のシフトも下期から大胆に変えて行こうと思っている」

Cさんは驚いた表情を見せつつ、少し身を乗り出してA課長の言葉に聞き入ります。

「業績や、繁忙過多のチームの状況はピンチだけど、ピンチをチームで助け合うきっかけにしたいんだ」

Cさんは A課長の考えや誠実さに心を動かされるも、繁忙なチームに、やはり負荷が加わるのではないかと不安を覚えました。

「一時的に組織や仕事を離れることには心配や申し訳なさもあると思うけど、ここは私に任せてほしい。もちろん、責任感の強いBさんなどは、また不満を言うだろうけど、話し合えばわかると思うよ。なかなか結果にはつながっていないけど、みんなやることはしっかりやっているから、ポテンシャルはあると心から思っている。もっと一人ひとりの個性も活きてくるはずだし、助け合いも今より生まれてくる気がしているんだ。そう思うとね、なんとかなるんじゃないかなあと、そんな境地になってきてね」

厳しい状況であっても真摯に、思いやり、いたわり、優しさを言葉や態度で表すA課長に、Cさんは心を動かされました。そして、少し顔を上げて、A課長の方を向いて言いました。

「大事な話を私に話してくださって、ありがとうございます。A課長のお話を聞いて、気持ちを整理できました。今は休息に集中したいです。できるだけ早く回復して、チームに貢献したいと思いました……」

いかがだったでしょうか？　前章ケース1から身体は青、気持ちは赤のモードと、心と身体が分離しているCさんが、緑のモードで落ち着いているA課長の、優しく包み込むような態度や言葉に、気持ちが変化していった様子です。

では、「緑のモード」について、理解していきましょう。

2 緑のモードは安心モード

どんなときに緑のモードになるのか？

第3章の赤（闘う／逃げる）モードは、脅威や敵、状況などの危険な〝外の世界〟をコントロールして「なんとか変えたい」「何かを守りたい」「安心したい」ときに対処しようとして入っていくモードでした。そして、その脅威がさらに大きなものだったときに、青のモード（固まる／動けなくなる）に切り替わることを第4章でお伝えしました。

3つ目の緑のモード（安心する／つながる）は、脅威や敵のいない通常時の、「安心モード」といえます。生物の進化の過程では、哺乳類以降の生物が体験できるようになったモードです。哺乳類は群れを形成して行動することで、外敵から身を守ります。敵や状況に対して直接的に働きかけて身を守るのではなく、仲間と群れ、つまり安全性が高まる環境をつくって身を守る性質があるのです。この仲間と共にいて安心しているときの身体、心の状態が、緑のモードです。

まずは日常生活における、緑のモードに入りやすい体験を紹介しますので、その感覚を想像してみましょう。

〈日常生活で見られる緑のモード体験〉

- 子どもや赤ちゃんを抱いているときのくつろぎ
- ペット（犬や猫）と遊んでいるときのくつろぎ
- ぬいぐるみやクッションなど心地よい感触のものに触れているとき
- 「居るだけで安心する」と思えるような人と一緒にいるとき
- 思い出の写真や映像などを見て、思わず笑顔になっているとき
- 子どもの頃、親や祖父・祖母などに優しく介抱されたときの自分を回想したとき
- ちょうどよい加減と、柔らかい手によってヘッドスパやマッサージを受けているとき
- ストレッチやヨガをしばらく続けているときの、身体を感じながらの心地よさ
- 好きなアーティストのライブを見て、会場の一体感や、好きな曲が始まって歓声が起こったときの、鳥肌の立つような体験

■屋内外を問わず、植物が多い環境にいるとき

緑のモードの心地よさが感じられたでしょうか。日常生活の例を挙げましたが、もちろん仕事の最中でも、緑のモードに入れる場面はあります。

〈ビジネスシーンで見られる緑のモード体験〉

■ブレスト会議で時間を忘れてアイデアを皆で出し合い、ときに脱線しながら楽しんでいるとき

■失敗やつらい経験を、信頼している上司、仲間、同期などに聴いてもらい、共感してもらえた場面

■共同作業のプレゼン前日など。追い込みだがプレッシャーをあまり感じず、みんなでそれぞれの役割を果たし、乗り越えられる安心感を感じながら準備ができた経験

概ねおわかりいただけたと思いますが、緑のモードは、次のようなモードです。

〈安心する／つながる〉

■信頼した仲間とともにいる・過ごしているときの状態

■日常会話を楽しみながら、考えのつながりや気持ちのつながりを感じている
■気持ちはゆったりとしているが、動きへの備えがある状態(休息状態ではない)
■自分の状態に気づき、赤や青のモードから調整しているときの状態

心理的安全の土台となる、重要なモード

緑のモードは「平常時」「安全時」のモードであると述べましたが、そのために自覚しにくくもあり、なかなか記憶に残りにくい、という特徴があります。

脅威に直面したときに出現する赤・青のモードは、入っている瞬間の場面が記憶に残りやすいモードです。私たちの脳や身体に、過去に経験した危機的な場面を、身を守るために強く記憶しておこうという働き、性質があるからです。対して安全は、やや曖昧でインパクトが弱く、思い出しにくい傾向があります。身体の感覚としても、かすかな「心地よい感覚」があることが多いのですが、他のモードと比較すると捉えにくく、体験している際に気づきにくいのです。先に挙げたビジネスシーンの日常も、そのときは楽しく経験しているのですが、その瞬間を自覚的に味わえている人は少ないでしょう。

自覚的ではない体験は、心地がよいわけでも悪いわけでもない体験、ということです。ただ、ここに「安心」や「つながり」の鍵があるため、自覚していくことがとても大切です。

この「自覚しにくい」緑のモードですが、ビジネスパーソン、特にマネジャーの皆さんにとって非常に重要なモードです。なぜなら、この**緑のモードの状態が「心理的安全」の実体験としての基盤**となるものであり、この体験があるからこそ、個人やチームの積極性や創造性が増すからです。また、緑のモードでいることは、赤のモードで生じる警戒心やコントロール志向による過剰な先読み、関係者への疑念や不安による緊張・ストレスを低減します。この状態は、個人や組織のレジリエンス（回復・しなやかさ）を高めるのです。

また、**緑のモードに気づけるようになると、他のモードへの変化にも気づきやすくなります。**他のモードへの変化に気づけば、緑に戻そうとするようになるのです。

特に、上司とメンバーの１ｏｎ１は、成長支援や日常業務の報告・相談の場であるため、上司もメンバーも安心感のある緑のモードでいることが理想です。しかし、実際にはこのせっかく確保した時間に赤のモードになってしまう話をよく聞きます。メンバーと１ｏｎ１を行うときのご自身のモードは何色でしょうか。マネジャーとして、１ｏｎ１の時間を有意義なものにしたい、○○を伝える時間にしたい、こうなってもらいたい、といった強い意図があったり、苦手なメンバーへ配慮しすぎたり、質問や傾聴などやり方に注意が向きすぎたりと、さまざまな理由や背景から、赤のモードで身体に力を入れて頑張りすぎる時間になっていませんでしょうか。

他章でも触れましたが、モードは伝播します。マネジャーが赤だと部下も赤になり、緑で接すれば部下も緑になりやすくなります。緑の場合は、綻んだ表情や自然な笑顔（表情筋）や落ちついた声のトーン（声帯）などを通じて、赤や青だった人も打ち解けた状態になっていきます。極端にいうなら、**「部下と接する際の自分の状態」**が大切なのです。

今の職場は、赤のモードに入りやすい状況であるため、ご自身が普段、赤のモードに多く入っていたとしても、無理もないことです。ただ、それには緑のモードの身体感覚に慣れていなかったり無自覚であるということも、理由として考えられます。赤のモードは負荷の高い危険時のモードですから、その意味でも、緑のモードでいる時間を少しずつ増やしていかれることをお勧めします。

緑のモードでいることは、（セルフ）マネジメントをする上でとても重要な要素であり、あなた自身にも周囲にも大きな影響を与えます。この本を手に取られた皆さんには、緑のモードを身近に感じてもらい、後ほど紹介する方法によって、自覚的に、再現性をもって体験できるようになっていただきたいと思います。意識すれば、徐々に着実に身についていきます。

3 緑のモードの身体と心

緑のモードの「身体反応」とは？

繰り返しになりますが、人は安心しているときに緑のモードになります。信頼・安心できる人と会話をしているときや、会話がそれほどなくても、相手の穏やかな表情やゆったりとした身のこなし方などから安心することもありますし、ともに過ごすだけでも緑になることもあります。「信頼・安心できる人」というところが大事なポイントです。会話の内容によって緑のモードになる場合もありますが、内容だけでなく、相手の表情を見たり、声を聴いたりするだけで緑になることもあります。

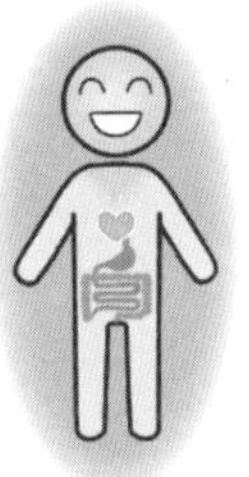

身体の場所で緑のモードに関連するのは、表情が表れる顔（表情筋やあご）や、心臓、胸や喉、気管支といった呼吸や発声に関わる場所です。声や音を聴くために、中耳や鼓膜も関連します。群れやつながりの中で仲間に安心感を感じたり、相手に感じてもらう場所、コミュニケーションに関連する箇所です。知らない人でも笑顔で話しかけられたら警戒心を抱きづらいものですが、まさに、緑のモードに入っている人の表情は柔和で、口角が上がっています。表情筋に変な緊張がなく、自然な笑顔です。表情も豊かで、顔色がよく見えるかもしれません。声も柔らかく、落ち着いています。目は瞳孔が開いて輝いています。身体の筋肉も固まっておらず、呼吸もゆったりと柔らかい様子です。多くの場合、心拍数もゆっくりめになります。

そうした穏やかな人を前にしたとき、自身はどんな状態になり、どんなふうに感じそうでしょうか？　意識してみると身体の前面、胸やお腹などに柔らかさや気持ちよさを感じられるかもしれません（今は感じられなくても、観察を重ねることで感覚が少しずつ育っていきます）。

緑のモードで生じやすい「思考」とは？

気のおけない仲間たちと集まっているようなとき、私たちの内側で起こっている思考とはどのようなものでしょうか。絆、安心感を感じて、「何を言っても聴いてもらえそう」と思えたり、「もっと○○していこう」、「それならこんなこともあるんじゃないか？」、「みんなもっと集まれ（もっと意見を出し合おう）」といったように、その絆や関係を強めて広げていきたいといった考えも生じるのではないでしょうか。こうした安全が感じられると、不確実な未来に対しても、「面白そう」、「よし、こうしてみよう」、「なんとかなるさ」と、**好奇心や前向きな気持ち**を持てるようになります。

皆さんは仕事をする中で、近未来や少し先の未来の成功に向かい、リターンやリスクを複数考えて道筋をイメージしているでしょう。理詰めで予測する場合、赤のモードの思考が働き、分析的で疑心暗鬼になりがちです。他方、緑のモードに入っていると、経験もシミュレーションもしないうちから、「私（たち）ならなんとかなる」というような**楽観性**や、**自他に対する信頼感**を持てるようになります。これが緑のモードの大きな特徴です。

もちろん、ビジネスは安心・信頼や前向きな気持ちだけでは立ち行かず、赤や青のモードで理性的、分析的に出来事や未来を予測することによって、より確かな計画や行動をすることができます。しかし、**予測のつきにくい現代の仕事では**、**悲観的にならずに進めることはとても重要なこと**です。「何かあってもなんとかなる。みんなでやってみよう」と考える緑のモードの考えが身につけば身につくほど、余裕や落ち着きが育まれます。

こうした緑のモードのマインドは、正確さやスピード、量を求める個人や組織の行動を変える可能性を秘めているのです。

緑のモードで生じやすい「感情」とは？

緑のモードで起こる感情は、繊細で柔らかい感情、穏やかさ、平和、嬉しさといったものです。他者や周囲に対しての想いや感謝、優しさ、いたわり、安心感、相手に任せる・委ねる気持ちです。これらを相手に与えるときもあれば、相手の好意や考えを受けて、受け取ることもあるでしょう。

こうした気持ちを相互に与えたり、受け取ったりしながら影響を与え合っていくと、増幅的にその安心感や絆が強まり、広がっていきます。緑のモードのポジティブな気持ちが波及していく可能性が感じられます。

4 単なるリラックスではない緑のモード

赤と青の両極の間にある「通常」モード

前述のとおり、赤のモードはコントロールしたい状況の場面、青のモードはその先で立ち上がるモードでした。対して緑のモードは、自ら安全な状態を形成し、その状態や環境を広げていくことによって身を守るモードです。哺乳類にとってはこの状態が通常モードなのですが、人間の場合は文明や社会が高度に進展して、あらゆるシステムや人間関係が複雑になっており、時代を重ねるごとに外部刺激が多く、強いインパクトをもたらすものになってきています。それに伴い私たちの思考や感情に不安や心配の割合が大きくなっていて、ただでさえ自覚しにくい緑のモードが、ますます経験・自覚しにくくなっています。

しかし、私たちは先に挙げた理由から、緑のモードでいる時間をできるだけ長くしていくことで、自分の力を最大化したり、職場に心理的安全な基盤をつくる必要があります。

図5－1（P5カラー版も参照）を見てください。身体志向のセラピストたちから「耐性領域」と呼ばれている図です（耐性領域は神経学者ダニエル・シーゲルが最初に提唱）。**緑のモードは赤と青のモードの真ん中に存在する状態です。**赤のモードが緑のモードの上

図5-1 3色のモードの関係性（「耐性領域」）　（カラー版 P.5）

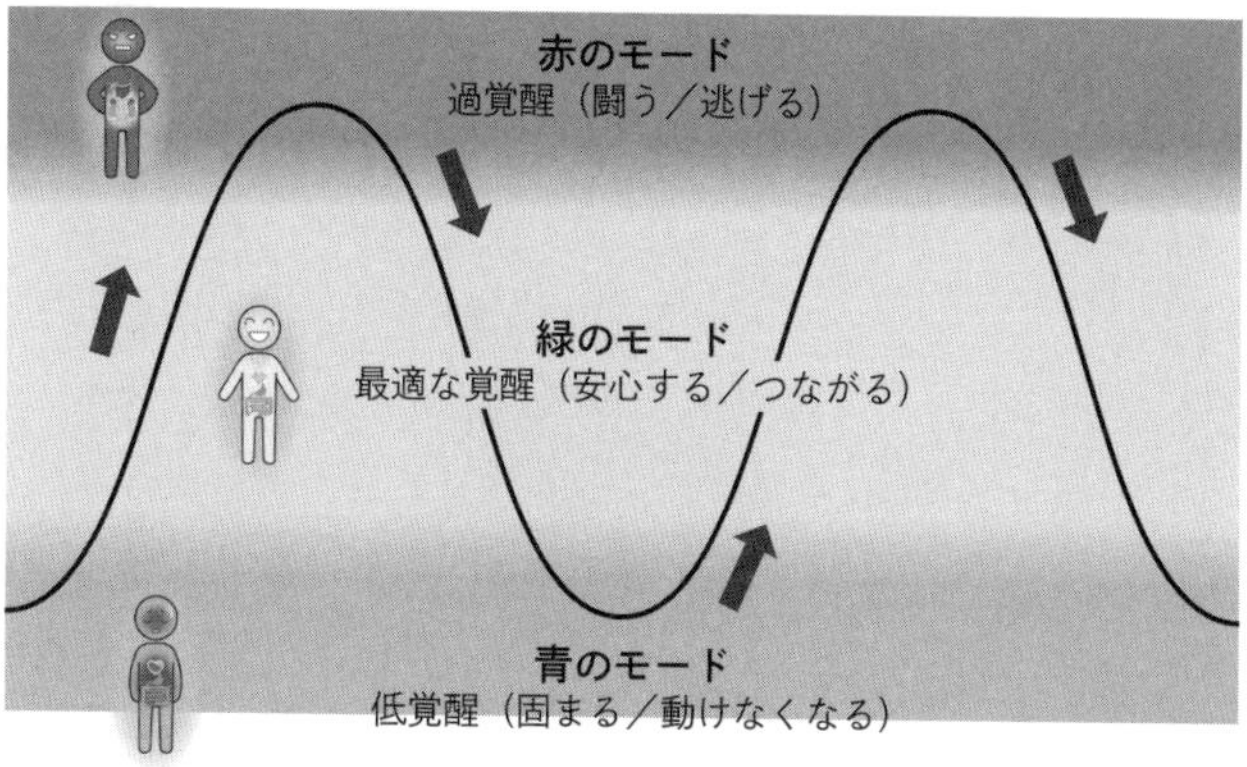

『Trauma and body』Pat Ogden、Clare Painら著を参考に作成（波線、モード名とイラスト追記は筆者）

に位置し「過覚醒」の状態、青のモードは緑のモードの下に位置して「低覚醒」の状態です。実際には、モードとモードの間はグラデーションになっていて2色の混ざったブレンド状態なのですが（ブレンドについては次章参照）、できるだけ緑のモードの幅を広げ、その経験を積み重ねる意識が大切です。

緑のモードを体験するミニワーク

緑のモードをたった今、体験してみることもできます。簡単な「筋弛緩法」というリラックスを促す方法をやってみましょう。

筋弛緩法

①呼吸を止めて肩をすくめて拳を握り、上半身に一気に力を入れて止めます。5～6秒したら、今度は息を吐きながら一気にその緊張を解いて、肩・腕を脱力して腕を下ろします。
②その脱力した状態を感じます（15～30秒くらい）。緩んだ筋肉の感覚の変化（柔らかさや硬さ、重さ軽さなど）、体温、血流他、感じられることを感じます。
③次に再び肩と腕に力を入れて、緊張と緩和を数回繰り返してみてください。

この①～③を繰り返す体験の中で緊張して力を入れた状態が赤のモード、脱力して緩和した状態が青のモードといえます。その間の状態が緑のモードです。

「緑＝リラックス」と思われるかもしれませんが、実はそうではありません。**緊張と緩和の間にある、力が抜けているけれども動きの中にある状態です。**この緊張と緩和を繰り返すと、徐々にその真ん中の緑の状態を発見・識別できるようになっていきます。

いきなり最初からは感じられないかもしれません。その場合は、さらに動きをゆっくりにして繰り返してみます。緑のモードに慣れるためのエクササイズは第8章でも多数紹介します。

緑のモードには、自覚しにくいことに加え、「緑のモードに入ってやるぞ」と思ってもなかなか入れず、むしろ遠のいてしまうという特徴があります。能動的にこのモードを実現しようとすると、身体は自身をコントロールしようと赤のモードに入っていき、交感神経を優位にさせます。結果、副交感神経優位の緑のモードから遠のいてしまうのです。

では、どうしたら緑のモードに入れるのでしょうか。そのヒントは、赤・青のモードと同じく、身体の「反応」であることです。外部刺激、内部刺激を受けて、自然に、じわじわと発生するモードであるため、頭で考えてコントロールしようとするのではなく、安心・安全を感じられる状態や環境を用意します。その結果、緑のモードに入っていくのです。

「心が温まる」ような感覚に気づく

ミニワークをやってみて、緑のモードをなんとなく感じられたでしょうか。自分の腕など、どこか身体の表面を撫でて心地よく感じたり、音など五感を通じても緑のモードを体験することができます。

これは、安心できているときの、非常に繊細な感覚を体の表面や体内で感じるものです。

視覚、嗅覚、味覚、聴覚、触覚といった五感の他に、主に体内で感覚を感じるということなのですが、これは**「内受容感覚」**と呼ばれます。内受容感覚の代表的なものとして「お腹が空いた」「心臓がドキドキする」「心（胸のあたり）が温まる」などがあります。そして、内受容感覚に気づくことは、感情に気づく上でも重要な役割を果たすといわれています。この繊細な感覚に気づいていくことが緑のモードの理解を深め、再現性を高めます。

もちろん、「わからなかった」「難しい！」という方もいるでしょう。繊細な感覚ですから当然です。しかし、生命として誰もが備えている能力なので、いつか必ず感じられるようになります。焦らず、少しずつ経験を積んでいきましょう。第8章でも、マネジャーの自己調整にお勧めのこういったワークや、練習に役立つ音源などを紹介していますので、参考にしてください。

動く準備ができているモード

緑のモードにはリラックスやくつろぎのイメージが強く、それでは仕事が進まないのではないかという心配もあるかもしれませんが、安心してください。緑のモードは身体の緊張は解けているものの、休息や静止している状態ではありません。柔らかい印象を持ちながらも、動く準備ができているモードです。たとえば、野球、テニスなどスポーツの試合中に、止まっていたり、リズミカルに動いていても、相手の一挙手一投足を見ながら次の瞬間に向けて準備している状態があるでしょう。これが緑のモードの状態です。次の瞬間に左右上下に攻められても、身体は瞬間に動き、対応できます。

つまり緑のモードは、緊張と緩和の間であり、能動でもなく受動でもなく、動作中でも静止中でもない状態です。複雑なモードですが、ご自分やチームの安心安全を確保して円滑に仕事を進める上で有効です。ぜひ意識して生活シーンで登場の場面を増やしていきましょう。

緑＝いいモード、赤・青＝悪いモードではない

赤と青のモードが決して悪いモードではないことは、すでにお伝えしてきました。同様に緑のモードも理想的で、ずっと維持しておきたい、「いいモード」と捉えると、本質を見誤ってしまいます。

というのも、これら3色のモードは、**すべて自分を守るために自然に備わった、必要な性質**だからです。自分の身を守る、という点では3色のモードは同じで、立ち上がる状況

と生じる反応がそれぞれ異なる、ということです。繰り返しになりますが、大切なのは、常に自分がどのモードにいるのかということに自覚的であることです。赤のモードにいるから即悪い、というわけではなく、「今、自分は何かから自分を守ろうとしている」ということに気づいて、その状態に居続けていて消耗しているように感じたのであれば、調整を試みて緑のモードに入りやすい環境を選ぶ。青のモードにいるように感じられたら、「今、自分は休息を取ることで自分を守ろうとしている」と感じてしっかり休息を取って、緑のモードへの変化を待つ――こうした観察と調整を行うことが大切です。

自身の心身が健全であれば、質の高い意思決定や判断、言動につながりますし、メンバーにも受け入れられやすい伝え方ができていきます。

5 緑のモードを長くするための調整とは？

第3章と第4章ではそれぞれのモードに入ったとき、どう対応したらよいかについて述べてきました。緑のモードに関しては、「どうやってモードに入るか」「このモードは周囲にどういった影響を与えるか」について、もう少しご説明しましょう。

緑のモードは、赤や青のモードに対する「調整」機能を担います。そして、自分の状態を緑のモードに調整していくことを「**自己調整**」といい、他者に対してこの調整を働きかけることを「**協働調整**」といいます。ここからは、この緑のモードに慣れ親しむための「自己調整」と「協働調整」の方法を紹介していきます（Ｐ１７０の筋弛緩法も体感しやすい自己調整の方法です）。

「自己調整」にお勧めの方法

赤のモードが長く続いて、ストレスを抱えて緊張しているときは、次のような方法がお勧めです。自分の身体の感覚を感じたり、心身に優しさを向ける時間を持つことで、ネガティブなストーリーを考え続けてしまう悪循環から、現実に戻ることができます。

〈身体の感覚を感じる時間を持つ〉

- 自分の腕や顔、肩などに触れて撫でてみる。廊下などを歩いてみて、足の感触の変化を感じる。立った姿勢で左右に繰り返し体重を移動し、足の裏の感触の変化を感じてみる
- 呼吸を観察する。コントロールしようとせず、今の呼吸の深さ浅さ、速さ遅さを感じてみる

〈自分の身体や心に優しさを向ける時間を持つ〉

- 自分の身体に優しく触れたり撫でたりする（心地悪くなければ、ゆったりとした呼吸を意識しながら行う）
- クッションやぬいぐるみなど、柔らかく、触り心地が良くて安心感があるものに触れたり、身体の前に置いたりして感触を感じてみる
- 窓の外の緑を眺めたり、仕事場の周りの緑（木々）の近くを歩く時間を持つ
- 好きな景色や大切な人、思い出に関する写真などを見て、記憶や気持ちを味わう

他者との「協働調整」にお勧めの方法

自己調整の次は、他者との調整に役立つ方法を紹介します。先述のとおり、モードには「他者にも伝播する」という性質があり、特に緑は伝播しやすいモードです。緑のモードの人と一緒にいると、赤や青のモードであった人も緑のモードになってきます。これが「協働調整」です。

親などが、泣いている赤ちゃんをあやすときによくとる行動を思い出してください。赤ちゃんを包み込むように抱きかかえて、身体を自然に揺らしながら、顔を赤ちゃんに近づけて語りかけるでしょう。声のトーンをさまざまに変えたり（赤ちゃんの声の高さに合わ

せたり、徐々にゆったりとした口調にしたり）、「お腹が空いたの？」と質問してみたりします。「〜〜なんだよね」と気持ちを代弁したり、背中を一定のリズムで優しくポンポンと叩いたり、さすってあげたりもします。これらは、リラックスするようにしていると同時に、その人の緑のモードに赤ちゃんを同調させている、調整の行為ともいえます。

ある程度同じことを、職場においても適用できます。本章冒頭のA課長の姿勢も1例なのですが、たとえばトラブルなどで不安や恐れを抱えるメンバーに話を聴く場合、いきなり言い返さずに傾聴し、相手の話すペースに合わせて頷いたり、呼吸を合わせたりします。最初は早く浅い呼吸であったとしても、徐々にペースを合わせることで相手も落ち着いてきて、通常の呼吸や心拍数へと誘導しやすくなります。

また、時と場合や内容にもよりますが、直接困りごとや悩み、恐れの内容に触れずに、緑のモードで話しかけて雑談や日常的な会話を楽しむ時間を持つだけでも、モードが伝播して調整できることがあります。問題は解決しなくても、流れが変わることがあるのです。ぜひ試してみてください。

6 緑のモードが多いチームとは、どんなチームか？

緑のモードが多い組織の特徴

自分のチームは、積極性や創造性のある、緑のモードが多い組織にしたいものです。それはどんな組織を目指すということなのでしょうか。緑のモードは、仲間とつながり、安全な環境をつくって身を守ることである、ということから、以下のような特徴があると推測されます。

- コミュニケーションが豊富
- 笑顔や笑い、ちょっとした雑談が多い
- 立場や年齢に関係なくお互いを認め合い、助け合う姿勢や態度がある
- 失敗を許容する風土、チャレンジ精神がある
- 組織や仕事に対する提案や発言が多い
- 何かあれば、早期の段階でマネジャー、リーダー、協働者に相談が来る
- マネジャーやリーダーは、メンバーの言うことにフラットな態度で耳を傾ける
- マネジャーやリーダーが変化に柔軟で、若手の意見も積極的に採り入れる

■マネジャーやリーダーに、若手の考え方や視点から学ぶ姿勢がある

それぞれ、意図してそういった状態になっているのではなく、自然にその状態になっている、ということが大切です。**操作的ではなく自発的、自然発生的**なのです。

これらの特徴を見ると、一見、緑のモードチームのマネジャーは人間関係の構築が得意で、人と接するのが好きな人と思われるかもしれません。確かにマネジャーのそういった傾向・資質が緑のモードを生みやすくする可能性はあります。しかしそのことよりも、マネジャー自身が緑のモードでいることが多く、その状態やあり方、存在感が周囲に伝播していることが大きな要因といえます。マネジャーが、常に柔軟で声をかけやすく、失敗を恐れず励まし合い、助け合う姿勢でおり、関わりを大切にすることで、周囲にも身体的に伝わると私は考えます。

それにはやはり、マネジャー自身が緑のモードをキープでき、長く穏やかでいられることが前提になります。効果に個人差はありますが、ここで紹介した調整の方法を用いれば、緑のモードでいる時間を増やしていくことができるでしょう。

緑のモードは「安心する」「つながる」ことが大きな特徴ですが、安心できるつながり

によって自己とも他者とも「調整」ができるという性質に大きな価値があります。マネジャーが緑のモードを身にまといながらメンバーと会話をする時間を維持すれば、職場の雰囲気や組織風土も少しずつ変わっていくでしょう。ぜひ日常で意識してみてください。

7 身近なところにある緑のモード

緑のモードで安心しているマネジャーやメンバーは、どんな状態や姿勢をとれるのでしょうか。以下に例を挙げておきます。

■マネジャーのケース

①好奇心や探究心を持って創造的な問題解決をリードするマネジャーの状態

〈状況・傾向〉

マネジメントや仕事の中で常に新しいアイデアや手法を探求しており、周囲の好奇心を刺激します。マネジャー自身が失敗を恐れずに新しい取り組みを推進するので、メンバーも保守的になることなく、さまざまなことに挑戦するようになります。そしてチームに、楽しみながら創造的な取り組みを重ねていく風土が育っていきます。専門性の高いメンバーや若手の考えも新しさや面白さがあれば積極的に採用されるため、メンバーの主体性や積極性が増していく可能性もあります。チャレンジだけではなく、リスク管理も適切に行われます。

②どんな状況でも冷静さを保ってチームを導き、メンバーに対しても公平性を保つ安定感の高いマネジャーの状態

〈状況・傾向〉

不確実な状況に対しても常に冷静に臨み、思考が優位でありながら、合理性や効率性に偏りすぎることがありません。また当事者の感情も観察しているため、組織の中に安心感をもたらします。真摯な姿勢で仕事やメンバーに接するため、信頼されています。チーム内の公平性や中立性を大切にしていてメンバー同士の関係にも安全性が保たれています。メンバーの成長のため、フィードバックを丁寧に行います。よい点だけではなく改善点もきちんと伝えますが、日頃から観察をしてくれていることから信頼感があるため、メンバーからも抵抗なく受け入れられます。

■メンバーのケース

①常に新しい知識や技術を学び、自己成長に励む。チームに新たなアイデアをもたらし、革新を推進する学習・探究者

〈状況・傾向〉

好奇心が強く、情報感度が高い傾向を持ちます。社内外のネットワークも豊富で、学びを自分の業務に積極的に活かします。

チャレンジにはリスクがつきものですが、好奇心や楽しさをドライバーにすることもあれば、習熟者の助けを借りて安心を確保して臨む場合もあります。その人の傾向によって安心の確保の仕方は異なるでしょう。若手の頃は安定感に欠けるかもしれませんが、バイタリティがあるので学びを仕事に接続できれば、成果につながっていくはずです。好奇心や楽しさだけで進んでいくタイプの場合、さりげない後方支援やサポートできるパートナーと組むことによって早く安定的に成果を出すことができるようになるでしょう。学びやリスクテイクを止める方向性の指導は、本人のやる気を削ぐ可能性があるので注意が必要です。

②常に肯定的な態度で取り組み、周囲にポジティブな影響を与えるインフルエンサー

〈状況・傾向〉

何事も主体性、自分ごとの意識で取り組みます。若手であっても打ち合わせの場に明るさや楽しさをもたらし、チームのモチベーションや士気を高める立役者になりえます。若手の間は本人の資質や傾向が生かされるプロジェクトや業務を担当させ、さまざまなメンバーとの間で自分のスタイルや影響が受け入れられる経験を積んでもらうことが望ましいでしょう。逆にトップダウン型で、リスクを避けて慎重に事を進めるようなスタイルの組織にアサインするのは、本人のやる気が空回りしたり、削がれてしまう可能性があるので望ましくないでしょう。

ポジティブさを素直に発揮できる一定の経験を積んで、自信がついた段階で、自分のスタイルが発揮されにくい場でも安心やつながりの範囲を拡大して状況を変えていく経験を提供するのがよいでしょう。

◆　◆　◆

これらのケースを通じて、人間関係の構築に長けていない人でも、自己や他者の観察や

調整をすることによって緑のモードを広げていくことができるイメージや可能性を感じていただけたなら嬉しいです。

第3章から、3つの身体のモードについて解説してきました。次章からは応用です。ご自身やメンバーの状態を見立てる上でより深く、神経や身体、そして心について知っていきましょう。

第6章

ブレンドされるモード

身体のモードはブレンドする

ここまでで、3色のモードと、各モードの状態や特性について説明してきました。ケースに近しい経験を思い浮かべたり、「あのとき自分は○色のモードだった」などと思いながら読み進めてきた方もいるのではないかと思います。

このポリヴェーガル理論の知識体系を基にした自己と他者の観察は、自分の状態（行動や考え）を理解する上で大きな助けになります。事後に振り返る際だけではなく、慣れてくるとその場面、その行為の瞬間に自分の状態に気づいて、とろうとした言動を修正したり、言動の選択肢を増やしたりすることができます。

さらには、メンバーや協働者など、他者の場面場面での状態もわかるようになるため、「今、自分と相手の間で何が起こっているのか」が理解できるようになります。さらには緑のモードが伝播すること（協働調整）で、チームに安心なつながりや雰囲気が生まれます。ぜひその状態を目指していきましょう。

本章は3色のモードを知った上での応用編であり、日々の実践に向けて、よりきめ細かく理解することで、観察の精度を高めていくことができます。

1 3色のモードの順序と関係性

緑→赤→青という流れ

これまで見てきた、赤・青・緑のモードには、実は順序や関係性があります。すでに述べてきた内容を含みますが、ここで改めて整理しておきましょう。

①通常時は緑のモード

哺乳類が通常時、「緑のモード」であることは、第5章で述べました。仲間と群れを形成して外敵や危険な状況から安全を確保して生命を守る生き物ですから、人もつながって安心安全な状態を保とうとします。

この特性を考えると、ビジネスにおいても、仲間と向き合って表情を確認したり、自他の身体の状態を気遣いながら活動するのが本来の姿でしょう。実際、20年ほど前の職場は対面で行う会議や作業などの身体的な協働体験が今より多かったように記憶しています。

しかし、この10年くらいで大きく通信技術やＡＩの進化など技術革新による効率化が進み、働く場所は別々でもよくなり、１つの仕事で協働する人数が減って、掛けられる時間も短くなっています。技術的に進歩していますが、上司や同僚が隣にいることが少なくなり、協働やつながりを持つことが難しくなりました。つまり通常時の緑のモードでいる時間をキープすることが困難になったのです。とはいえ、便利になった恩恵も大きいため、環境や仕事の進め方をもとに戻すわけにもいきません。だからこそ現代の状況下で緑のモードを増やす工夫をしていくことが大切になってきているのです。第5章や第8章でそのための具体的な調整方法やエクササイズを紹介しています。

②危機、危険時は赤のモード

緑のモードから危機的な状態を認識した場合、自律神経が反応して身を守るべく、赤のモードになります。「動く」ことで外界をコントロールしていく状態です。仕事でいえば、納期に追われている、業務量が多い、トラブル時、マルチタスクで余裕がない、というときです。危機的とまでいかなくても、どうしても成功させたい大事な商談やプレゼン、難易度が高い仕事に取り組んでいるときなどに、赤のモードで頑張っていることでしょう。

すでに述べてきたとおり、現代は緑のモードで長くいることは難しく、赤のモードが中心になってきているといえます。エネルギーを過度に消費し続けている状況です。身体的に望ましい状態ではありません。

③赤のモードが継続すると、やがて青のモードへ（命の脅威にさらされたとき）

赤のモードが続いてエネルギーの消耗が大きいとき、あるいは赤のモードではどうにも対処できない場面や相手に遭遇したとき、自律神経が判断して青のモードに入っていきます。「止まる」ことで身を守る状態です。徐々に進行するときもあれば（固まる：停止→動けなくなる）、あるきっかけを受けて瞬間に切り替わるときもあります（固まる：緊急停止）。身体はエネルギーの消費が少ない状態になって、外側の情報を遮断し、その間にエネルギーをチャージします。身体が動きにくく、頭も回らず判断し難いという状態に陥るため、焦りや苛立ちを感じるかもしれませんが、これは悪いことではなく、身体が身を守るための働きです。

④青のモードによって回復が進むと、再び緑のモードへ

青のモードで外部の情報が遮断され、エネルギーの消費が少ない状態になり、徐々に身体や心が元気を取り戻していきます。エネルギーが十分にたまったと自律神経が判断する

と、再び緑のモードに移行していきます。通常モードに戻っていくのです。

つまり、3色のモードは緑↓赤↓青↓緑という流れと関係性にあります。もちろん、このサイクルを厳密に進むだけではなく、赤から再び緑に戻ったり、突発的な出来事に直面して緑から青に移行したりすることもあります。

休まなくても入れる緑のモード

今は誰もがデジタルデバイスに囲まれるなど、身体の外から刺激を浴び続けながら生活しています。そのため、緑のモードをほとんど感じず、赤と青を激しく繰り返している方もいます。ただでさえ自覚しにくい緑のモードですが、「内受容感覚」を感じるように意識したり（P172）、心や身体に優しさを向ける「自己調整」（P175）によって長く保つことを第5章で推奨しました。赤の時間が長く続いているのなら、身体や心も「休める」ことが理想です。

「休める」と聞いて、「やることが多すぎて休暇など取れない」と思う方も多いでしょう。しかし、休暇を取らなくても、緑のモードには入れます。緑のモードは、過度にエネルギーを消費せずに、仲間とつながって安心しながら事を進めていく活動です。この時間が長くなるような仕事の仕方、協働や連携の仕方を探すことなのです。

「活動するか（赤）、休むか（青）」だけではなく、その間の世界である緑のモードを知ると、忙しく大変な日々においても心を落ち着かせて仕事を進めていけるようになります。

なお、緑のモードに入りやすくするには「つながり」が重要ですが、これは、リアル・対面の場を増やすことを意味するわけではありません。感染症の拡大を経た時代に、対面で会う時間の割合を上げることは容易ではないでしょう。もちろんリアルで一緒の時間を共有したほうが、緑のモードやつながりは体験しやすいのですが、オンライン上であってもそれを感じることはできます。たとえば笑顔などの表情や、ゆっくりとした声、優しく思いやりのある声かけのトーンなどを、視覚や聴覚を通じて共有することができます。安心を感じる人とオンラインでコミュニケーションを取ってみて、声や表情から自分の体験について感じてみてはどうでしょう？　緑のモードに少しずつ慣れて、他人と接するときにはこのモードでいるように試みてください。

2 緑のモードを、できるだけ長く保つ

最適な覚醒領域

では、マネジャーとしてこの3色のモードにどう対応するのが望ましいのでしょうか？

それは2つあります。どちらもすでに述べてきたことですが、1つは、できるだけ緑のモード状態を長く保つこと、もう1つは自分が今、どのモードに入っているか自覚的でいることです。

図5－1（P169）の「耐性領域」は、神経と身体や心の状態の整理の図です（P5のカラー版も参照）。3層に分けられており、上から過覚醒（交感神経優位）、一番下が低覚醒（副交感神経優位）、真ん中の層が最適な覚醒領域＝「耐性領域」です。過覚醒は赤のモード、低覚醒は青のモード、最適な覚醒領域は緑のモードを指します。

1つ目の、緑の状態を通常時モードとして長く保つというのは、できるだけ真ん中の最適な覚醒領域のゾーンにいるように自分の心や身体、状況をマネジメントすることです。たとえば、なかなか休暇が取れていない場合には、予定の合間に小刻みな休憩や、数分でも気分転換に歩く時間を確保する、打ち合わせの開始や終了間近の時間にちょっとした雑談を意識的に入れるといったことなどでも、安心感や周囲とのつながりを増すことができ、モードの変化に役立てることができます。

緑のモードにとどまることが難しくとも、赤のモードにいるときに「今、急に赤のモードに切り替わった」、「赤のモードに長く入っているな」など、赤の状態にいることに気づく経験を積むことができると、無理を続けないようになってきます。状況や物事に対して、ストレスを過度に感じるといった認知の歪み（赤のモードの思考）に気づいて修正できるでしょう。他にも、自己批判的で、状況に対して過度に悲観的な考えを持つ青のモードの思考パターンに気づけるかもしれません。この思考パターンが表れていた場合、身体の休息を取って身体から元気にする、という方法が理想的なことも、ここまで読み進める中でおわかりいただけたのではないでしょうか。

できるだけ緑をキープする、モードに自覚的でいることの理解、調整、訓練を長期的に積み重ねることによって、とても繊細な身体の感覚に気づけるようになります。すると、他のモードの状態も観察できるようになり、徐々に自分の身体や心が安定していきます。

耐性領域の3層を自分なりに把握し、「赤→青」に急に移行する前に少し休憩を取って緑のモードに戻したり、青のモードにいる際には自己否定や焦りの気持ちなどが生じることを理解し、焦らず緑へ回復する経験を積んでいければ、不本意な結果や頑張り過ぎが少なくなります。そうした調整ができる自分に対して、安心感や信頼感も増していきます。

3 3色のモードのブレンドと移行

身体と頭が違う色?!

なお、3色のモードは機械のスイッチや、デジタルのようにゼロイチではっきりと切り替わるのではなく、実際には掛け合わせ（ブレンド）やグラデーションのように、混ざり合いながら移行していきます。3つの神経系統のバランスが少しずつ、瞬間瞬間で変化し続けながら入れ替わっていきます。つまり2色の色が同居している状態があるのです（**図6－1**、P5カラー版も参照）。

ブレンド状態とは、メイン（身体）とサブ（頭）が別のモードになっている（色をまとっている）いる状態です。赤・緑・青の間にどんな種類の掛け合わせがあるのか、紹介していきます（**図6－2**、P6カラー版も参照）。

さまざまな掛け合わせの状態がありますが、それらを把握できるようになると、身体のモードの理解がより深まり、自分や他者の状態を理解するうえで助けになります。一つひとつを厳密に覚えようとする必要はありません。

図6-1 3色のモードのブレンド　（カラー版 P.5）

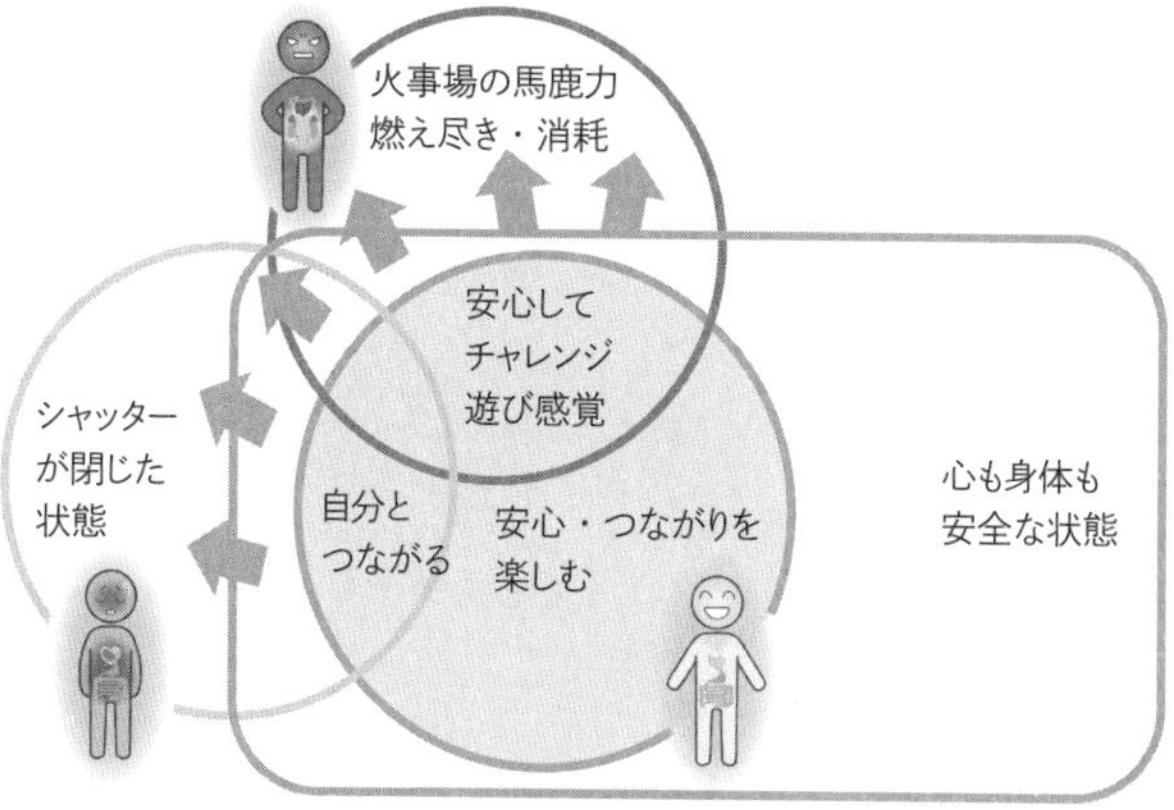

⓪身体も頭も緑（完全な緑のモード）

最初はおなじみの緑のモードです。安心、他者とのつながりを感じてリラックスしながら活動している状態です。

①身体が緑で、頭が赤のブレンド（緑赤）

身体は安心しており、自分の内面や環境、周囲の人に対して信頼感がある状態です。自分の外で起こっていることに力みや焦りもなく、受容しており、不安や恐れもありません。しかし頭は活発で活動的です。これはゲームや遊び、スポーツなどで勝負をしながらも楽しみ、リラックスした中で集中している状態です。いわゆる「ゾーン」に入った状態とも似ています。

前章の〈ビジネスシーンで見られる緑のモード体験〉として「ブレスト会議で時間を忘れて

アイデアを皆で出し合い、脱線を含んだ雑談を楽しんでいるとき」を挙げましたが、これはこのブレンド状態の典型例です。メンバーが皆、一体感を抱き主体的な状態で、活発に楽しみながら仕事をしているようなときです。創造性や創発のモードともいえます。

また、安心して業績目標に向かってチャレンジし続けていたり、やる気に溢れ、どんどん成果を獲得していこうという、ビジネスパーソンとして望ましいモチベーションに溢れている状態も、このバリエーションの中に含まれると私は考えています。

こういったメンバーが多いのは喜ばしいことですが、頑張りも行き過ぎると気づかないうちに疲れが蓄積し、周りが見えなくなったりします。モチベーションが高いからといって手放しで任せるのではなく、働きすぎにならないよう、マネジャーとして気をつけたいところです。

①-2 身体は赤で、頭も赤（モチベーションが高い達成／獲得モード）赤赤※

モチベーションが高い状態が続いていても、心（思考や感情）の安定さに欠ける状態が訪れることがあります。獲物を狙って捕らえることに喜び・快楽を感じ、過度に達成・獲得を追い求めてやまない状態です。ビジネスシーンに当てはめてこの状態を、「達成／獲得モード」と位置づけます。こういう状態に入り込む人は仕事人に多いため、ぜひ注意し

図6-2 掛け合わせ（ブレンド）の状態一覧 （カラー版 P.6）

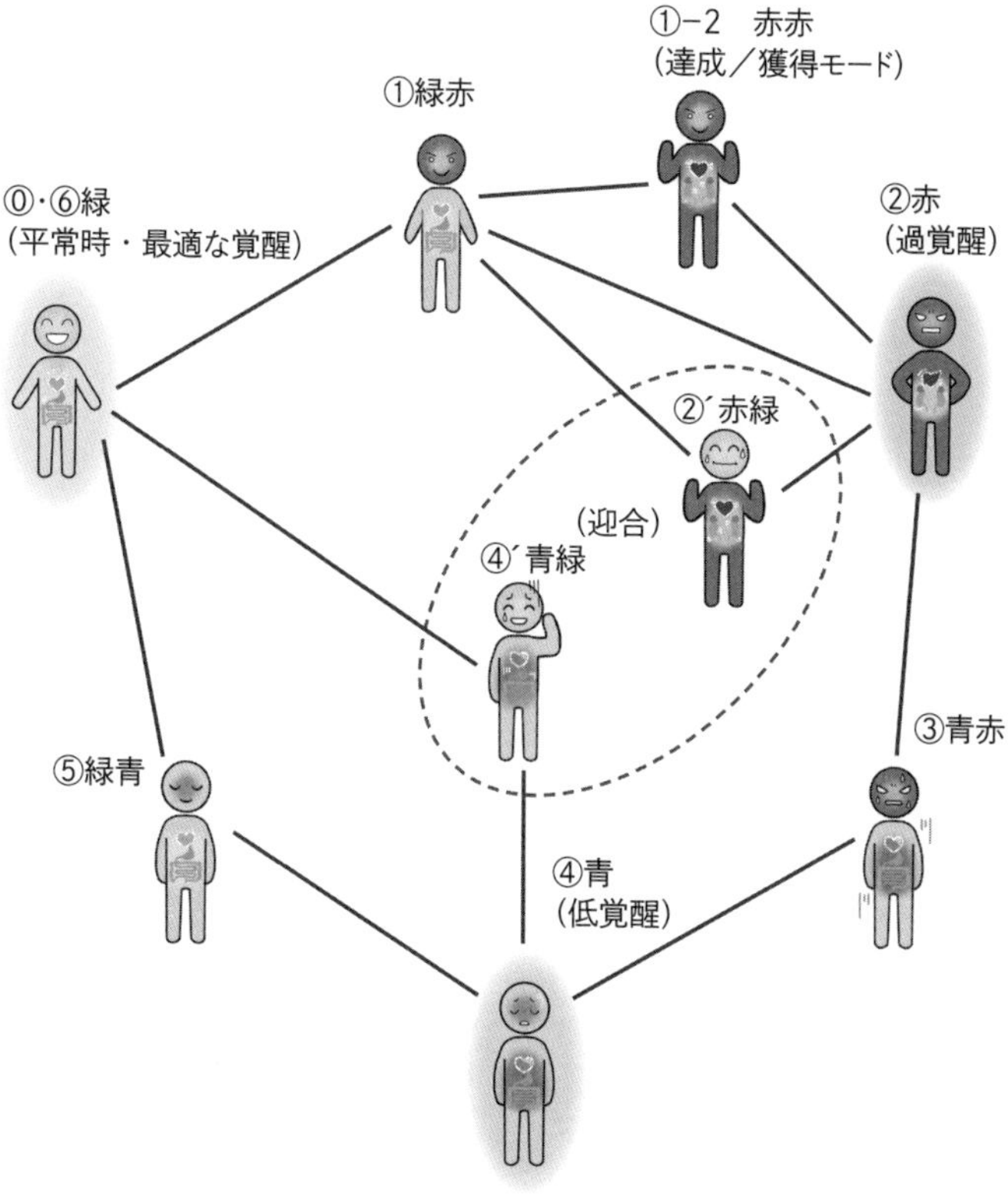

さまざまなブレンド状態を表しており、順番どおりに移行したり、循環したりするということではない。
（大まかな流れ〈緑→赤→青→緑→赤……〉はあるが、①→③のように飛び越えたり、②→⓪のように戻る場合もある）

ていただきたいと思います。

この状態は、勤勉・努力家がなりがちな状態で、人一倍働いて成果を上げています。他者からの評価や称賛、承認を求める気持ちも高まっている可能性があります。他者から称賛や承認は緑の関係性と異なり、「自分のため」に欲している状態といえます。評価が得られればそれをきっかけにさらに働く傾向になることもあります。あるいは、一定の評価では満たされなくなり、さらに評価や称賛を欲しがる場合もあるかもしれません。また、「やればやるほど」「もっと」といった具合に強いこだわりを見せたり、評価を欲して自ら拍車をかけているように映る可能性があります。こういった、いわば働きすぎる状態は現代には合っていませんし、この働き方に固執する傾向やパターンを持った人は、今の職場環境では、他者と噛み合わずに不協和を起こす可能性があります。過度にこの傾向が出てしまい、成果は上げているもののリーダー以上にステップアップせず、単独でモーレツな働き方を続けることになっているかもしれません。そしてやがてキャリアや働き方の限界が来るはずです。

こうした場合、達成したい、獲得したいという欲求が「自動反応」であることを本人が理解することが大切です。オーバースペックな量や質のアウトプットを自他に求め続けたり、他者（上司、周囲、業界や世の中）からの評価や称賛を得ないと満たされない、話し出すと一方的に喋りすぎるなど、現れ方や状態は人によって異なりますが、やりすぎ、求めすぎという点で同じです。「何かをコントロールして安心や満足、プライドを得たい」という赤の性質の衝動を過度に受けている状態といえます。自分でその反応やパターンに気づくことによって、やりすぎがなくなっていきます。本人の意志や性格ではなく、あくまで身体の反応の結果であることも、改めて意識しましょう。

※このモードの解説はポリヴェーガル理論に加えて、脳内の神経ネットワークの「報酬系」、ポール・ギルバート氏の「3つの感情制御システム」（Three Emotion Regulation Systems）を参考に筆者がまとめたものである。

②身体も頭も赤（完全な赤のモード）

第3章で紹介した、身体も頭も赤のモードの状態です。身体、感情、思考が一致しており、困った状況をなんとかコントロールして安心したいという状態です。ここでは安全感や安心感、誰かとつながっている感覚や誰かと一緒に何かをやっている感覚などがほとんどなくなっています。不安なので必死に動きますが、体力や気力、集中力を多く使うため消耗も激しく、長くは続きません（①、①－2、②の違いは後述）。

③身体が青で、頭が赤のブレンド（青赤）

身体が青で、頭が赤のモードとは、第4章ケース1のCさんの状態です。疲れやストレスがたまっていて、自分の限界を超える状況や失敗が続いたりと危機的な状態が続いています。十分に休めていませんが、自分がどうにかしなければならないという責任感でなんとか毎日立ち上がっているような場合に、このモードになります。

本人は「大丈夫」と言うかもしれませんが、身体は本格的な充電期間を取りたがっている状態です。対応は本人と置かれた状況によって変わるでしょうが、身体が本格的な青のモードに入っていこうとしていることは理解しておきたいところです。仮に本人が頑張って乗り越えたとしても、同じ状況を再び繰り返す可能性が高い状態です。

④身体も頭も青（完全な青のモード）

動けなくなり、完全な青のモードに入ります。内容は第4章で紹介したとおりです。身体の状態を真に受け入れて、本格的な休息に入ります。驚くくらいの長時間睡眠を取ることもあるでしょう。今まで頑張った分だけ、休息や内省が必要になります。この期間に当事者はいろいろ思考を巡らしてしまうと思いますが、ぜひ感情、身体にも向き合ってほしいものです。

②身体は赤で頭は緑（赤緑）・④身体は青で頭は緑（青緑）……「迎合」

これらはともに、身体は赤と青のモードの典型的な状態であるにもかかわらず、他者に対してその状態を見せずに社会性を保った「迎合」という状態です。赤緑（②）は危機的状況に身体や心は高ぶっていますが、事を進められるように怒りや不安といった感情をぐっと抑えて、にこやかな表情で人と接しています。他方、青緑（④）の状態は相当な疲れや脅威にさらされ身体も動きにくいのですが、周囲に迷惑をかけられないといった責任感や義務感から、内面に気づかれないように温和な表情で関係性を保とうとしています。まさに「顔で笑って、心で泣いて」という、つらい状況です。

ただ、他章でも触れましたが、赤や青のモードの状態は表情に出さなくても伝わるものです。「笑っているけどなんとなく裏がありそう／余裕がなさそう（赤緑）」「明るく／笑顔で振る舞っているけど大変そう（青緑）」というのはこの状態といえます。本人は内面を知られたくないでしょうが、上司としては本音を聴ける機会を意図的に設けることをお勧めします。本人は困っているはずです。

⑤身体が緑で、頭が青のブレンド（緑青）

休息に入っている状態です。初期の頃は、自分が青のモードであることを、身体だけでなく頭でも受け入れることから始まります。たとえば力が入らなくても「安心して休息を受け入れている」といった状態です。仕事の仕方や考え方など行き過ぎていた点を受け入れ、時間をかけて見直す時期です。

身体が休まっていて元気さも感じられ、安心、リラックスして受容的な状態ですが、頭の中が青のモード、ということがあります。頭（思考）は静かに内面を向いて止まり、まるで自然の中にいて空想や静けさを楽しんでいるような状態です。緑のモードの性質に「つながる」ことがありますが、ここでは周囲の人とではなく、自分自身や自然とつながります。たとえば自分の身体の感覚や呼吸を丁寧に集中して感じられている状態や、森林や川などに出向いて空気や湿度、匂いや音など五感を身体全体で感じたときなどが、この状態にあたります。ポリヴェーガル理論を提唱したポージェス博士は、この状態を「愛」と呼んでいるようです。

瞑想やヨガ、太極拳なども、この状態を自らつくり出す行為・練習の機会になります。最近流行りのサウナで整う時間なども、自分自身の内面を見つめてつながる大切な時間であり、忙しい時代において、無意識的に多くの人が求めている、身近な緑青ブレンドの体験といえるかもしれません。

緑青ブレンドの状態は就業時間中の隙間時間にも体験できます。進行中の仕事のことなどは横に置いて、椅子にもたれかかって、背筋をそらしたり深呼吸したりしながら、身体の感覚（背筋が伸びる感覚、椅子の背もたれに触れる感覚）などに注意を向けます。背骨を反らせたり戻したりしましょう。思考（考えごと）が少なく、緩やかにゆったりとした動きを繰り返す身体の感覚を感じ続けている状態は、このブレンドを体験している状態といえます。

⑥身体も頭も緑（完全な緑のモード）

再びスタートの緑のモードに戻りました。身体も心もリラックスして、安心して他者とつながることができます。他者と協働・協調しながら、仕事や活動を進めていきます。

以上のように、心や身体は瞬間瞬間に変化し続けています。ここでは⓪から⑥の流れで説明しましたが、外部刺激や内部刺激を受けて、突然いくつか飛び越えて急な移行をしたり、紹介した順序とは逆へ移行することもあります。

このブレンドと移行の流れを知ると、ストレスの程度の想像ができたり、先々の状態を予測することにつながります。自分やメンバーの状態、状況がよく観えて対応が考えやすくなるでしょう。

その人の限界や自動反応によって急展開でモードがチェンジした場合でも、繰り返しになりますが、「できるだけ緑をキープできるよう、自分の外の環境や内面をアレンジする」、「モードの自己（他者）観察を継続する」ことが重要です。赤や青は緑と同じように「自分の何かを守ろうとしている状態」であり、それを受け入れて各モードの声（身体・思考・感情）を聴く姿勢が大切になります。

このモードチェンジとブレンドを1人のマネジャーの日常で表したのが、第2章の冒頭のAさんの1日です（P48）。身体のモード、ブレンドがどのような出来事を受けてどのように変化するのかがわかりますので、ぜひ読み返してみてください。また、「赤」が多い状況をどんなふうに変化させるといいか、考えてみてください。

……マネジャーとして「達成／獲得モード」にどう向き合うか……

⓪～⑥の中で、特に違いを理解しにくいのが、**図6－3**にある①身体が緑で頭が赤（緑赤）、①－2の「達成／獲得モード」（身体も頭も赤）、②の完全な赤のモードだと思いま

(カラー版 P.7)

図6-3 赤関連のモード比較と「達成／獲得モード」への向き合い方

赤の3つのモードのそれぞれの違いや変化（移行）に
気づくことがマネジメントにおいて重要。特に「達成／獲得モード」状態の
メンバーに対する観察や介入は丁寧に行う必要がある。

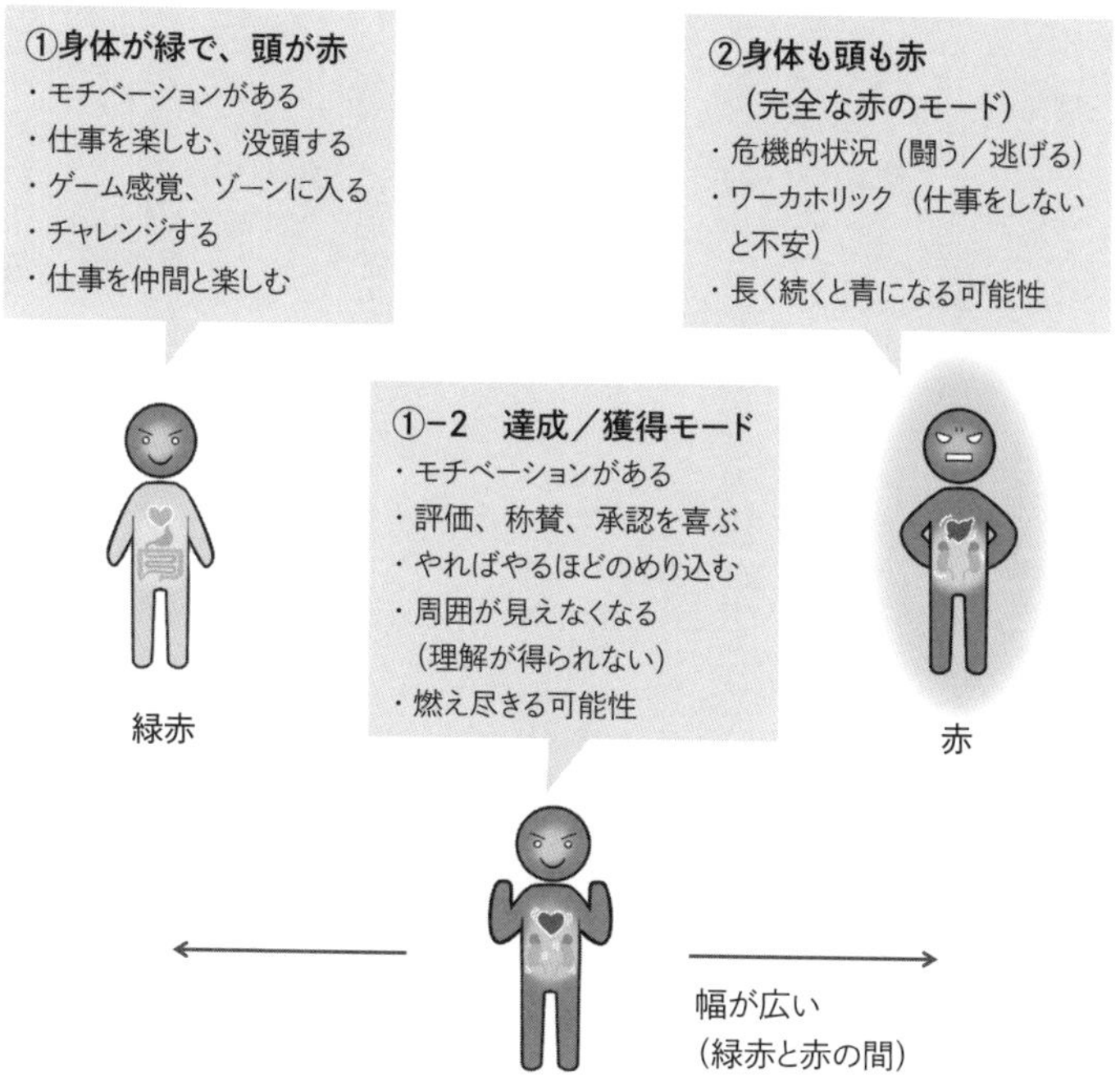
①身体が緑で、頭が赤
・モチベーションがある
・仕事を楽しむ、没頭する
・ゲーム感覚、ゾーンに入る
・チャレンジする
・仕事を仲間と楽しむ
②身体も頭も赤
（完全な赤のモード）
・危機的状況（闘う／逃げる）
・ワーカホリック（仕事をしないと不安）
・長く続くと青になる可能性
①-2　達成／獲得モード
・モチベーションがある
・評価、称賛、承認を喜ぶ
・やればやるほどのめり込む
・周囲が見えなくなる
（理解が得られない）
・燃え尽きる可能性
緑赤
赤
幅が広い
（緑赤と赤の間）

モチベーション高く成果も上げるため放置しがちだが、
孤立したり、燃え尽きてしまう可能性もあり要注意

す。しかし、この3つの違いを知っておくことは、メンバーをマネジメントする上で役立ちます。

まず、①の緑赤と②の赤の違いは理解しやすいのではないでしょうか。①緑赤は周囲と楽しみながら仕事に没頭して成果を上げています。対して②赤は安全が感じられておらず、向き合う相手に敵対的な立場をとります。そして①－2の達成／獲得モードは、②赤に比べ、モチベーションが高い状態です。では、①－2の達成／獲得モードと①緑赤は、どういった点で違うのでしょうか？

もしメンバーに、達成／獲得モードに入っている人がいればモチベーション高く働き、成果も上げているはずです。しかし緑（社会性）がない点で、行動の現れ方が異なってくるのです。組織のためではなく自分のニーズ（仕事の達成欲や評価の獲得）を満たすためのモチベーションを持ち、独りよがりな世界観が生じている可能性があります。上司としては頑張って成果を上げているので任せてしまい口出ししない、という選択をとりがちですが、実は自分のやり方や考え方を、正義感からフォロワーに強要したり、同様に正義感のもとで他者や組織を批判する言動が出てくることもあるでしょう。人の手柄を横取りするなどして、周囲から孤立が起こっている可能性もあります。

よって、あるメンバーの状態に、行き過ぎたモチベーションや正義感などを感じ始めた場合、成果が出ていても観察をしてあげてください。周囲から孤立する前に対話を持ち、本人が自分の状態を客観的に観られるようなサポートをしてください。

忘れてはいけないのは、①-2もいずれも、性格やパーソナリティではなく神経の反応であるということです。過去の何らかの経験、あるいは積み重なった経験の影響で、反応的に外の称賛・評価がほしいのです。本人に気づきを与えられそうな支援の方法を模索してみてください。

サイクルを積み重ねることで、安心感が高まる

私たちは誰しも、緑→赤→青→緑やブレンドした身体のサイクルを幾度も経験していま す。その経験、回数が増えれば増えるほどに、赤のモードに入ったときには安心を感じられるようになり、青のモードに入ったときには、受け入れて休息を確保しようとするようになっていきます。「赤になっても、青になっても自分は緑に戻ってこられる」と捉えられるようにもなります。

モードを自覚しながらサイクルを体感すればするほど、経験が積めて安心していきます。「状況をなんとかコントロールして安心を得よう」、という「赤」優位の姿勢から、「何が

あっても〝なんとかなる〟ことを頭も身体も知っている」という姿勢に変化していきます。これは頭で理解することではなく、体験でつかんでいく安心感です。今の仕事の環境では、働く人は皆、漠然とした不安や、緊張感を心の奥底に秘めています。そのため、この安心感を獲得しておくと、仕事を楽しく進めやすくなります。

緑→赤→青→緑……のサイクルを回す上では、これまで説明してきた自己（他己）観察と、入ったときの対処の経験が必要です。そして観察力を高めるエクササイズは、8章で紹介します。

第7章

部下育成や対話への活用

部下育成や対話と観察

ポリヴェーガル理論を基にした身体と心の観察について見てきました。自分や他人を通じて、今、組織で起こっていること（自他の行動や人間関係の状態）が赤・青・緑という色で整理されたのではないでしょうか。記憶に残っていた、過去のメンバーの言動や状態、ご自身のとってきた言動に照らし合わせて、そういうことだったのか、と思われることもあったかもしれません。また、ご自身の生活は、普段から思考がかなり優位であり、感情や身体の影響の大きさに気づいた人もいると思います。

本章では、身体・感情・思考の観察を行う3色のモードの考え方を現場で活用するための橋渡しとして、具体的な2つの方法論と組み合わせて使う方法をお伝えしていきます。

マネジャーの2大役割

マネジャーの仕事、役割にはさまざまなものがありますが、組織や人のマネジメントに関連して特に重要な役割は次の2つです。

①部下育成（指導・キャリア支援）

②チームづくりや対話（自分とメンバー・メンバー同士の関係性のメンテナンス）

「マネジメントに対する人事担当者と管理職層の意識調査2023年」（株式会社リクルートマネジメントソリューションズ）でも、管理職の果たすべき役割について管理職層に聞いている設問の第1位が「メンバーの育成」（52％）、第2位が「部署内の人間関係の円滑化」（36％、他と同率2位）です。マネジメントの中で難しいと思っていることを聞いた設問の第1位は「メンバーの育成・能力開発をすること」で、「メンバーの仕事に向けたやる気を高めること（42％）」や「職場のチームワークを高めること（34・7％）」なども挙げられています。チームづくりや対話は、メンバーの仕事に対するモチベーションを高めたりキャリア支援を行う面でも重要です。2018年ごろから、面談や1on1など、メンバーとの対話の時間が設定されるようになってきましたが、対話に苦手意識をお持ちの方や、もっと効果的に行う方法を求めている方も少なくないでしょう。

私も組織の人材育成や組織支援において、現場における部下育成（OJTなど）と関係性のメンテナンス（チームづくり・対話など）を２つの柱として支援し、経験を積んできました。その経験から、ポリヴェーガル理論による観察を、部下育成では「内省支援」、チームづくり（関係性のメンテナンス）では「対話」において応用する方法をご紹介していきたいと思います。

1 部下の内省支援に3色のモードを活かす

内省と反省の違い

「内省」とは自分自身を省みたり、経験の振り返りをしながら次の行動へ活用していく行為です。内省支援と観察の話を始める前に、まずは、この「内省」を、よく似た「反省」と比べて意味の違いについて考えてみましょう。

内省：経験の振り返り。自分の考えや行動を顧みて、気づきを得て次に活かすこと。

↔

反省：自分の間違った考えや言動を振り返ること。改善すること。

両者には一見してそれほど大きな違いはないように見えます。しかし、2つを明確に分ける大きな違いは、**「内省」が「うまくいかなかった経験だけでなく、うまくいった経験の振り返りにも使えること」**。さらに、**「内省」では自分なりに、よりよく仕事をするための原則や持論を築くということ**が、「反省」よりも重視されています。

ビジネスの変動性が激しく、正解がない状況で自分なりの解を見つけていく必要性が高まっている背景から、経験から学び取る「内省」が、この10〜15年位で急速に広まってきました。

内省して学ぶ「経験学習サイクル」

内省のやり方もたくさん存在していますが、今の日本の職場で主流なのは「経験学習サイクル」(組織行動学者ディビッド・コルブ氏が1984年に提唱)です。提唱されてから時間の経っている理論ですが、今の時代でもシンプルで使いやすいと、主に人事分野で評価されています。

経験学習サイクルの枠組みを説明すると、**図7-1**の4つのステップになります。

この枠組みは日本の職場では主に若手の成長支援で広まっていますが、若手だけではな

図7-1 経験学習サイクルの枠組み（4つのステップ）

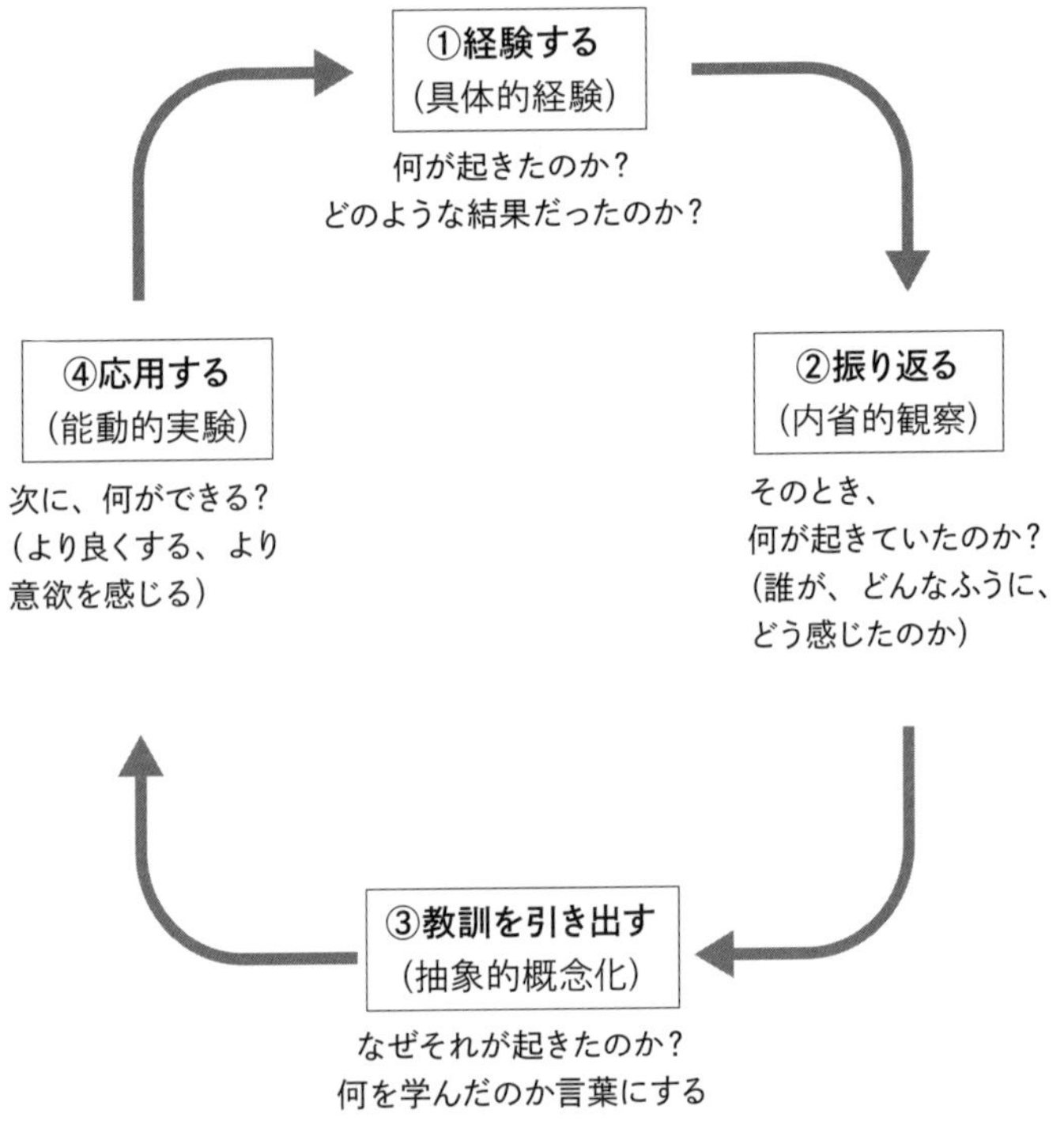
①経験する
（具体的経験）
何が起きたのか？
どのような結果だったのか？
②振り返る
（内省的観察）
そのとき、
何が起きていたのか？
（誰が、どんなふうに、
どう感じたのか）
③教訓を引き出す
（抽象的概念化）
なぜそれが起きたのか？
何を学んだのか言葉にする
④応用する
（能動的実験）
次に、何ができる？
（より良くする、より
意欲を感じる）

コルブ（Kolb.1984）のモデルを参考に筆者作成

く誰でも活用でき、マネジャーが経験を振り返る際に使用しても役に立つものです。

具体的な活用例をフレームに沿って紹介します。仕事でうまくいった経験をした新入社員の振り返りのケースです。

〈ある新入社員の、うまくいった経験学習〉

ステップ1 経験する（何が起きたのか？　どのような結果だったのか？）

商品企画の会議で資料を用意し発言。皆からよい意見だといつも以上に褒められた。

↓

ステップ2 振り返る（そのとき、何が起きていたのか？）

自分の年代向けの商品企画だったので、その同世代として率直な意見が言えた。

↓

ステップ3 教訓を引き出す（なぜそれが起きたのか？↓何を学んだのか言葉にする）

リアリティのある生の声や調査結果などが、商品開発では役立つ。

↓

ステップ4 応用する（次に、何ができる？）

次回以降、会議資料や発言には可能な限りリアリティある生の声を用意。さらに客観的なデータなどの裏づけを添えるとよりよい結果につながる。

うまくいったケースを挙げましたが、先述のとおり、成功・失敗経験、どちらにも使えます。失敗経験を振り返る際は、うまくいくやり方を考えて次に活かします。成功経験の場合は、このケースのように成功要因を言語化して再現性につなげたり、さらにいいやり方を探求します。

以上が経験学習サイクルの一般的な使い方です。私は、このフレームは若手、未習熟者の育成で活用しやすいもののように思います。そして、企業の人材育成で主に重視されているのは、ステップ3の「教訓を引き出す」です。

実際、企業のOJT支援などで私が見てきた若手の育成現場では、トラブル発生時など、「うまくいかなかった場面」で多く使われているように感じます。おそらく失敗の本質的な原因（要因）を掘り下げて、同じような失敗に陥らないようにするための考え方や行動、手順を考えてもらう、といった内省支援をしているでしょう。

というのも、若手社員の育成で重視されることは、

①足りないスキルや知識を補うこと

②会社や組織の価値観や行動に沿ったやり方を理解して行動してもらうこと

の2点です。現場で起こった経験を題材にしてこの2点を進める上で経験学習サイクルのフレームが使いやすいのでしょう。これは、理想の方向に向かって「本人にないもの・足りないものを加えていく」という「足し算型」の気づきに方向づけるものです。

しかしながらマネジャーや、リーダークラスの皆さんは、すでに多くのものを「足す」必要はない段階におり、むしろ、**「引き算型」**の気づきが大切になってくると私は考えています。最近ではこの引き算を**「アンラーン」**と呼ぶことも多くなってきましたが、何を引くかというと、自身が無自覚に持っている考え方、癖、前提（信念や思い込み）などです。こうした過去に蓄積されてきたものの中から、その後の成長に邪魔になるものを棄却します。これを自分で自覚して行おうとすることには、とても困難が伴います。

もちろん、必要なものや強みはそのまま持ち続けて、さらに磨き続けることが大事です。他方、以前は強みであったり、武器であったものが、時代や今のチームにおいてうまく機能しなくなってきたことがあれば、そこに気づくことが大切です。例を挙げれば、やや高圧的なコミュニケーションや、弁が立つゆえに一方的に喋りすぎること、責任感からの長時間労働といったことです。そうした、見直したほうがいいことに気づけると「やる必要のなかったこと」「やりすぎてしまったこと」や、「いくら変えたくてもなかなか変わらないこと」が見直せるようになっていきます。

本書の文脈では、それは「自動反応」に気づくことと同義になります。気づきの鍵となるのは、前章までで説明してきた「今、何が起こっているか？」に対して注意をすることです。経験学習サイクルへの応用でいうと、**ステップ2　振り返る（そのとき、何が起きていたか？）**の段階で観察・注意します。リーダーの内省においては、この2番目が特に大切なステップとなります。

経験学習サイクルに観察を応用する

まずは経験学習の一般的な流れで内省する方法を解説します。第3章のケースで、リーダーBさんがA課長に強い口調で反論した場面を、Bさん自身が振り返ると、たとえば次のようになります。

ステップ1　経験する（何があったか？）

内容：自分（Bさん）がA課長に対し感情的に発言した（怒り）

・上司に対して感情的な発言をした

↓

ステップ2 **振り返る（そのとき、何が起きていたか？）**

・自分の繁忙に対してA課長の理解がなかったことに怒りを感じた

・期初からわかっていて自分が指摘していた繁忙に対して、A課長が手を打っていなかったことに対して苛立った

↓

ステップ3 **教訓を引き出す（なぜ、それが起きた？↓何を学んだのか言葉にする）**

・仕事場では感情を出さない

↓

ステップ4 **応用する（次に、何ができる？）**

・どんなときでも平常心で会話する

一見よい振り返りに見えます。しかし、Bさんは長年経験を積んできているリーダーであり、怒りの自動反応が出ることが癖になっていて、どんなときでも平常心で会話できたら苦労はしないのだとしたら、思考的には正しくても、感情や身体がついてこない振り返

りになってしまっています。

さらに、この振り返りは感情を抑圧するように修正をかけようとしているものであり、抑圧して蓄積された我慢やストレスは、やがてまた表に出てくることでしょう。しかも、本来の自分を押し殺す方向に修正をかけています。こういった「あるべき論」や「持論」をたくさん増やし続けるのは得策ではありません。

本書でお伝えしたいのは本人らしく、かつ周囲に対する柔軟性を持ったリーダー像に近づくための内省です。Bさんは、リーダーとしての成果は十分出していますが、他者の関係性に、さらに伸びるためのチャレンジがあるのでしょう。ここを克服していくことが大切です。

では、「自己観察」を鍵にすると、Bさんは、どのように内省するのがよいのでしょうか。まず、経験学習サイクルのステップ2「何が起きていたか?」に、ポリヴェーガル理論の3色のモードを応用します。

ステップ2 振り返る(そのとき、何が起きていたか?)

- 自分の繁忙に対してA課長の理解がなかったこと(思考)に怒り(感情)を感じた

■期初からわかっていて自分が指摘していた繁忙に対して、A課長が手を打っていなかったこと（思考）に対して苛立った（感情）

Bさんの、A課長に対する評価と、そのことに対する感情が出ています。

このときのBさんのモードは何色でしょうか？　強い言葉を発していたので、「赤」であり「闘う」です。このように、まずは自分の状態について、色を照らし合わせます。

次に、以下のような問いを立て、一つひとつ、そのときの自分を観察します。

Q1．何に対して赤のモードになったのか？
Q2．心（感情・思考）や身体にはどんな反応があったのか？
Q3．何を守ろうとしたのか？　何に対して困っていたのか？　何に対して安心したかったのか？

Q1．何に対して赤のモードになったのか？
・自分が指摘していたのにも関わらず問題を先送りしたA課長への怒り
・自分の疲れや頑張りをA課長が**認めてくれないことへの苛立ち**

Q2. 心（感情・思考）や身体にはどんな反応があったのか？
・（感情）怒り
・（思考）問題が解決されていない、A課長はマネジャーとして無責任だという考え、リーダー（自分）の働きに**理解がない**
・（身体）あまり覚えていない、**カッと熱くなっていた**印象

Q3. 何を守ろうとしたのか？ 何に対して困っていたのか？ 何に対して安心したかったのか？
・自分の努力や自分の身を粉にしてチームを支えている姿勢を**わかってほしい**
・**自分を認めてほしい**（認めてくれている安心感がない）
・A課長に、リーダーとして自分を**尊重してほしい**
・このいくら頑張っても出口のない繁忙と疲弊から**抜け出したい**

何度も、「理解」「承認」に関する言葉が出てきます。A課長に対し、こういう状況にした責任を追求したい気持ちもありそうです。ですが、その前に「自分はこれだけ頑張って高業績を出しているのにリーダーとして認めてもらっていない」という不満が見てとれま

す。このケースの場合、この不満が、Bさんが言葉を荒げて反論する、「わかっているけどやめられない」自動反応の真因の可能性が高いです。Bさんのように自分の存在や成果を認めてほしいという欲求が仕事のモチベーションになっているケースは少なくありません。もちろんそれは成果を獲得することが求められる世界では決して悪いことではありません。

Bさんについていえることは、上司とのコミュニケーションが十分でないということではないでしょうか。Bさん自身で気づけるか、なかなか難しそうですが、「理解」「承認」がA課長から得られていないことに対する自動反応として、BさんはA課長に対して「問題点を指摘する」という闘う選択肢をとっています。

Bさんは前述のとおり、これまで、困難な状況に対して自分が正しいと思う見解を強気に相手に指摘して押し通すというやり方を貫いてきました。この1つの選択肢しか持っていなかったことに気づけると、成長のステップが一段上がります。このケースのチームが置かれた状態では、Bさんが自分の見解を強く主張するだけでは事は進みません。自分を組織の問題の外において批判するのではなく、自分も一員として一緒に切り抜ける方法をA課長とともに考えることを選択肢として増やすなど、今までこのチームで取られてこなかった方法を採り入れられるようになるとよいでしょう。

一番よいのはBさんが、自己観察を通じて、自分が赤のモードが立ち上がりやすいことに気づき、気づいたら自己調整を行って「赤」だけの状態から、「赤+緑」あるいは「緑」の状態で気持ちを伝えられるようになることです。そして激しく指摘する以外の「**選択肢を増やす**」ことです。ここに気づくことができれば、仮に問題点を指摘をするという選択を選んだとしても、言い方のトーンが変わって、A課長にも、Bさんの言葉を受け入れる気持ちの余裕が生まれることでしょう。


このような内省を、もしBさん本人ができたなら、以降の3ステップ目の教訓と4ステップ目の応用は、「仕事場で感情を出さない」「どんなときでも平常心で会話する」とはまったく異なるものになるはずです。逆に、この2ステップ目でしっかりと自動反応の真因などを観られていないと、「A課長は悪いが、自分も感情をあらわにしてはいけない」といった「あるべき状態を足し算」していくことになるでしょう。

218ページで、このフレームではステップ2が大切とお伝えしました。Bさんは感情的になったことは内省できていましたが、怒りの感情がどこからきているのかには気づけていませんでした。ステップ2の観察を深めることによって「A課長が悪い→冷静に振る舞う」という認識から、「相手に認めてほしいという自分の気持ちがあることを認める」という、自分の内面に矢印が向いた振り返りができたことになります。**自分の感情の奥にあるニーズや願望が見えてきて、相手ではなく自分の問題になってくる**のです。

架空のケースでしたが、イメージはつかめたでしょうか。この「経験学習サイクル×ポリヴェーガル理論」では、従来の経験学習サイクルのみを使う振り返りと比べ、次のようなメリットがあります。

①3色のモードを使って、自分の状態をシンプルにわかりやすく振り返ることができる
②思考だけでなく、感情や身体感覚なども観察することにより、内面が見えやすくなる
③自分の自動反応（わかっているけどやってしまうこと）の真因にたどり着ける
④変える、変わるために何か対応を増やすのではなく、自動反応を引き算できる
⑤自動反応であることから、自分の性格を否定することなく振り返りができる

はじめは、「思考」「感情」「身体」一つひとつに目を向けることは難しいと思いますので、ぜひ「自分の状態は何色（だった）か？」に気づくことから始めてください。

一般的にこういった引き算型の内省は、大きな環境変化や想定外のショックな出来事などによって、それまでの自分のやり方が揺るがされて起こることが多いものです。この3

色のモードを使った内省は、そこまでの体験をしなくても同様の効果――通常では見えにくい自分の傾向をつかめる可能性があります。

マネジャーやリーダーのステージでは、すでに、自身のマネジメントスタイルの軸（＝個人のパーパス、ビジョン、ミッション、バリュー）が形成されていることでしょう。変動性の高い複雑なビジネス環境で活躍し続けるには、そうした軸を強く持ちながらも柔軟であることが必要になってきます。その柔軟性を持つために、3色のモードを使った内省と、自分の思考の癖や自動反応を一つひとつ引き算していく取り組みが重要になります。

2 メンバーとの対話で3色のモードを活かす

続いて、チームづくりやメンバーの支援に大事な「対話」における観察の活用について紹介します。

それは「ORJIサイクル」への応用です。ORJIサイクルとは、組織心理学者のエドガー・シャイン氏の、元々はコンサルティングに従事する方に向けたコミュニケーションを自身で分析・改善するための枠組みで、著書『プロセス・コンサルテーション』の中で紹介されています。組織支援を行うコンサルタントやファシリテーターなども学んでいる内容です。私なりに本書の目的や文脈を意識してまとめると次のようになります。

〈ORJIサイクル〉
O：Observation（出来事を観察する）　起こっていること、体験していることは何か？
R：Reaction（反応）　どのように反応しているか？（主に感情を中心に）
J：Judgement（判断）　観察したことと感情に基づいて情報処理して判断する
I：Intervention（介入）　他者に対して何らかの行動・発言を行う

ちなみに、「O（出来事を観察する）」は、本書で伝えている「観察」と異なります。O**RJIサイクルの「O」は、目の前で起こっている事象を「観察」するもので、本書で扱っている観察は、対話の相手の「R（反応）」を観るところにあたります。**「観察」という言葉が同じなので混乱しそうですが、こうした違いがあります。

I（介入）のアクションを受けた相手はまた反応し、行動や発言をすることになりますので、その内容を受けて、再びO（観察）以下を行う、という繰り返しです。

このフレームを使うメリットとして、次の3点が挙げられます。

①対話をよりよくするものだが、内省にも使える
②事後の振り返りにも使えるが、対話の最中に使うことができ、最中に言動を修正することができる
③相手の状況を理解する上でも活用できる

ポリヴェーガル理論のモードと同じで、自分のことが理解できれば、相手もその枠組みを使って理解することができます。逆にいうと、自分が正しく観えなければ相手も観えません。先入観や歪んだ認知によって、現実が正しく観えていないことになります。

先の**経験学習サイクル**は、ある経験の後に、起こったことに対して時間を掛けて気づきを紡ぎ出すものでした。他方、**ORJIサイクル**は、**行動（対話）の最中**に素早く自他の状態を把握して、次にとる言動の選択肢を確保して、望む行動に近づけていくことができます。

ORJIサイクルに観察を応用する

では、ORJIサイクルの「R」にポリヴェーガル理論による自己観察を入れて、アレンジしてみましょう。

O：Observation（観察）　自分の外で今起こっていること、体験していることは何か？
目の前の相手のモードは何色か？

R：Reaction（反応）　今、自分の内面（体や心）で何が起こっているか？　どのように反応しているか？
（今、自分のモードの色は何色か？　身体感覚、感情、思考は？）

J：Judgement（判断）　情報から得た選択肢を持って絞り込む

I：Intervention（介入）　他者に対して何らかの行動・発言を行う

大事なのは経験学習サイクルと同じく、前半の工程です。多くの人は起こっていることを正しく認知していない場合が多いため、「O（観察）」ではできるだけ先入観なく、ありのまま現実を受け止めます。そして次のステップ「R（反応）」で自己観察をします。まずは自分は身体や心の内側で、今この瞬間に何が起こっているのかを観察します。身体のモードの3色のうち、どの状態かを感じます。極端なことをいうようですが、モードが特定できれば、ほぼご自身の状態が把握できていると思っていいです。何か行動や経験をしながら自分の状態を客観視できていることがまずは大切で、喜ばしいことだからです。

行動しながら自分の反応やそのときの色（モード）が感じられるようになると、自動反応に入る瞬間に「入った」とわかったり、反応の兆候に気づけるようになってきます。そこで、できることなら一拍、間をあけてみます。さらにできることなら身体を一度さっと観察します。切迫した場面では肩に力が入っていたり、呼吸が浅かったりしているはずです。肩に力が入っている瞬間にそれに気づく、というのは相当高度ですので、「モードの色は何か？」を考えて感じている際に、身体の状態も観てみることが現実的です。

そこから「J（判断）」に進んだら、その場の対応に関する選択肢を増やしてみます。今、相手と自分にとって最適な行動や発言は何かを選んで、「I（介入）」に進みます。

最初は難しいと感じるでしょう。確かに高度なことですが、コミュニケーションが得意な方は無意識的にこういったプロセスを回しています。そして、3色のモードによる観察が加わることによって、よりシンプルに自分の状態を把握できるようになるのです。

3色を使ったORJIサイクルの活用方法

ORJIサイクルについても、本書のケースに当てはめながら、使い方を紹介します。

再び、第3章のA課長と強気なリーダーBさんとの対話で使いますが、このケースは、A

課長がBさんに対し、メンバーとの関わり方について変化を求める対話でした。今度は、A課長の立場になって読み進めてみてください。

O：Observation（観察）　自分の外で今、起こっていること、体験していることは何か？

A課長が、チームの対応力（人手）不足の話から話をし始めると、Bさんは「私は予測していたのに、A課長がなぜ人を増やすように動いていないのか理解に苦しみます」と、批判的な態度で切り返してきました。「前にもお伝えしたことですが」という、A課長には耳障りな発言も聞こえてきました。R（Reaction）に進む前に、もう少し置かれた状況について目を向けてみます。

Q　Bさんの状態は何色か？……赤

Bさんの R（反応）はどんなものか？……攻撃的な視線、言葉の早さ、表情の険しさ（怒り、不満）

つまり、この話が始まる時点で既にBさんは、不満そうな顔や身体反応をしていたことがわかります。疲れも見えています。次にR、つまり自己観察に入ります。

R：Reaction（反応）　今、自分の内面（体や心）で何が起こっているか？　どのように反応しているか？
（今、モードの色は何色か？　身体感覚・感情・思考は？）

色＝赤（闘う）：Bさんに、リーダーとしての働き方を変えてもらいたい（変えたい）
赤（逃げる）：攻撃的なBさんの発言や態度に、正面からぶつからずにかわしたい（闘いながらかわしている）

■身体…肩に力み、奥歯の食いしばり、喉が震えて声が出しにくい
■感情…不愉快さ、怒り
■思考…失礼なやつだ、メンバーから大事に扱われず悔しい、腹が立つ
強い口調で言い返したいが、それをやったらマネジャー失格だ

ここでA課長は間を置いて、息を吐きながら、眉間にしわが寄っていたかもしれませんが、感情を押し込めて、もとの穏やかなトーンでBさんへのフィードバックの会話を再開しました。

A課長も元々、現場のリーダーの頃はBさんのような傾向、つまり自動反応を持ってい

ました。マネジャーになってからは、強気に感情をあらわにすることを抑えてきたのです。

しかし、「不快さ・怒り」を「収める」以外に、他の選択肢はないでしょうか。A課長の、話を続けるという選択は「赤（逃げる）」、正面からぶつからずに自分を抑えて大人の会話を進めるやり方のように見えます。

もし、A課長がBさんの状況に対して一拍、間をおくことによって

■Bさんの心身の疲れ（身体・感情）
■成果を上げているのに認めてもらえていないというBさんの不満・怒り（思考・感情）
■承認されていないというBさんの苛立ち（感情）

などを感じることができて、怒りや苛立ちの原因にそれとなく話ができていたら、状況は変化したかもしれません。

また、A課長も自分自身の、

■攻撃的な態度のBさんに対して不快さや怒りを感じるが、マネジャーとして感情的にならずに落ち着いて話を続けたい（思考）

に気づき、さらには

■お互い組織のために頑張っているにも関わらず、今のように気持ちが離れてしまっ

てまともに話せない虚しさ（思考・感情）

といったことへの気づきが生じる場合もあります。

こうした気づきに至っていると、「J（判断）」の際に、

■彼の疲労に関して、どこまでの状況なのかを聴いてみたい

■自分との気持ちの開きをもう少し埋めたい（という気持ちを打ち明けたい）

などの新たな選択肢が増える可能性が生じます。「I（介入）」は結果として、感情を奥に押し込んだいつもの方法以外に、Jの2つの選択肢によって、従来とは異なる介入（行動・発言）ができることになります。具体的には、赤のモード同士の攻防という緊張した状態から、自分の赤のトーンが落ち着いたり、Bさんと安心しながら本音の話がしたい、と思って緑のモードが徐々に立ち上がって赤と緑がブレンドされるかもしれません（自己調整）。また、A課長の態度が変わると、その変化によってBさんも落ち着いていく可能性があります（協働調整）。そうすると、話す内容も、リーダーへの指導というものではなく、「J」のとおり、Bさんの疲労状態を聴いたり、Bさんの今後の成長を望んだ上で課題に感じていることをマネジャーとして率直に話せる可能性も出てきます。その態度と内容であれば、Bさんの強硬な態度も変わるかもしれません。

何よりも自分の状態を観察してモードに気づき、話す内容よりも話す態度をまず変えることです。そうすると、対話における内容も相手の態度も、変わる可能性があります。

ケースに当てはめてみましたが、ORJIサイクル×観察の使い方についてご理解いただけたでしょうか。

対話をしながらORJIサイクルを回すのは難儀に思われるかもしれません。ORJIすべてを意識しなくても、OとRに注目し、身体のモードが3色の何色になっているかと思いながら対話を続けるだけでも結果は異なっていきます。状況に対して自分と他者の色を観ることで自動反応に気づいて、ついやってしまういつもの対処パターンを変えたり、他の選択肢が探せることでしょう。

対話においては、実は話す内容よりも「観察」と「あり方」が大切です。極端な話に聞こえそうですが、「自分が緑のモードでいる」「相手を観察」して「聴く」、「間をあけてたまに感じたことを素直に伝える」ことができれば話の展開が変わってきます。なぜなら、対話に「安心感」が保たれているからです（協働調整）。これが対話で相手との心の距離を縮める上で非常に大切な点です。意識して経験を積み重ねれば必ず変化していきます。

対話で実現したい「意図」は何なのか？

もう1つ、ORJIサイクルに関連してお伝えしたいことがあります。それはO→R→J→I…と進めるループの真ん中に、**この対話で実現したい「意図」を意識すること**です。

意図（Intention）とは、「この対話は何を実現したいものなのか」という、対話の目的、緩やかな方向性です。ゴール、目標、ターゲットや成果とは異なります。目的やビジョンに近いものです。対話の意図を明確にすることで、観察する内容や言葉遣い、振る舞いなどが決まってきます。

たとえば、ボクシングの選手が試合をする意図には、次のような例が挙げられます。

①相手に対して圧倒的な勝利を収めて称賛を得る
②自分らしいボクシングスタイルを貫いて勝利を得る
③ボクシングファンを魅了する試合運びをし、技を披露する

それぞれ、選手の目指す意図、目的が違うことがわかるでしょう。意図の違いによって観る注意の対象も異なるでしょうし、選ぶ戦術も異なりそうです。③の場合、勝たなくてもいい可能性すらあります。

A課長の場合、「Bさんに、リーダーとしてメンバー（フォロワー）への態度や行動を改めてもらう」という意図で第3章のケースの対話に臨んでいたのですが、他の意図があったなら、過程や結果は変わっていることでしょう。

たとえば、「2人の相互の信頼のもとでBさんの魅力的なリーダー像を探求する」「Bさんの今後のリーダーとしてのキャリアを話し合って、支援の方向を探る」などが考えられます。このような意図の違いによって、A課長の、Bさんへかける言葉や、Bさんの受け止め方も変化するでしょう。

3 内省支援と対話で大切なこと

身体を含めた人の全体像を観る

本章では、人材育成やチームづくりに活かせる、2つの方法を解説しました。内省や対話において重要なことは、人を全体として観て接する、ということです。「全体」というのは、「身体」「感情」を含めた人の状態です。一般的に、仕事の中では皆、お互いを「行動」と「思考」を中心に理解していると思いますが、それでは人の全体像を扱いきれていません。最近では、対話をよりよくしていくために「感情」を扱うことが広まってきていますが、私はさらにそこに「身体」も入れてほしいと願っています。感情と身体がもとになって自動反応を起こし、思考や行動に影響を与えているからです。

ただ「身体」「感情」「行動」「思考」すべてを細かく観ることは難しいでしょう。そこで有効なのが3色のモードです。モードを理解することで、自分や人を観るということが可能になります。

もちろん「今、自分の色は何色なのか？」「今、自分の外側で何が起こっているか？」「自分の内側（身体・思考・感情）では何が起こっているのか？」を観察し続けることが基本であり、起点です。

この自己・他者観察が身につけば、自分を大切にしながら、他者の全体像も大切にするマネジメントを行っていくことになります。そうすると、上司と部下や、チームメンバー同士の間に安心やつながりが徐々に育っていきます。不安からくる心配や行動も少なくなっていき、のびのびとした育成や協働の風土が育っていくことでしょう。ぜひそこを目指していただきたいと思います。

コラム

臨床心理の専門家が語る身体観察の重要性

身体で感じる安心こそ、前向きな心と職場の源

本コラムでは、私のこのテーマのコーチ（支援者）ともいえる本書の監修者、吉里恒昭氏と八谷隆之氏に臨床心理の専門家の観点から、身体の3色のモード（ポリヴェーガル理論）による観察の有用性や、モードが表すこと、身体性の大事さについて聞きました。

1 臨床心理の世界から見た企業の現場

白井　吉里さんと八谷さんは、ポリヴェーガル理論を基にした3色のモードを「ポリ語」と呼び、シンプルに説明して広める活動を行っています。

お2人のクリニックにも、働いていて辛くなってしまった人が来院されていて、ポリ語を活用されながら支援されているのですね。

吉里　はい。私たちは、心療内科・精神科で働いていますが、その傍らで株式会社D・M・Wという名前で、メンタル疾患の予防や、支援者のサポートを目的に活動をしています。心が辛くなってしまった方だけではなくて、その方たちを支える「支援者」の方々も支援しているんですね。この「支援者」というのはとても幅広くて、心理カウンセラーや心理士、コーチ、キャリアカウンセラーや企業等

の人材育成担当者の皆さん、さらには教員や医師や看護師、ヨガのインストラクター、整体師などです。

企業のマネジャーの皆さんも、ご自身のチームのメンバーの支援やケアをしていますよね。そういった支援者の皆さんは心労も多く、その方自身が燃え尽きてしまうことも少なくないためサポートしたいと思い、現在の活動を始めました。

白井　その活動や、クリニックにいらっしゃる方々を観て、現代の企業の現場をどんなふうに感じていますか？

八谷　企業や組織で働くすべての皆さんに、ご自身の身体の状態にもっと目を向けてほしいと思っています。まさにこの本で紹介されている「観察」、身体が発する情報を聞いて参考にする、ということですが、それがどの程度企業の利益に直結するのかがまだ可視化されていないために、なかなか広まりません。結果として、メンタルヘルス不全に陥る方の数は減って行かない状況です。

私たちは日々、自律神経系の観点でいうボトムアップ（身体や自律神経が発する情報や刺激が頭に届く）の流れを意識しながら不調者や支援者のケアをしていますが、企業で働いている方々はトップダウンの意識（頭で思考、予測、意図等して身体に働きかける）で日々生活していますよね。トップダウンだけではなくこのボトムアップの意識も、日々の仕事の中で、もっと持ってもらえるといいなと思っています。

白井　企業の現場では、十分に身体からの情報が生かされていないということでしょうか？

八谷　はい。不調や、個々人の言動は身体の反応であるという前提が共有されておらず、身体からの情報を得る重要性も認識されていないので、メンタルヘルス不全も個人の能力や思考の問題にされてしまっています。身体からの情報を無視し続けると、心身の不調につながってしまうにもかかわらず、企業の職場では、それが意識されていないのです。

吉里　「個人の健康管理上の問題」として終わらせている企業が多いようですが、それでは根本的な解決にいつまで経っても至らないということに気づいていただきたいです。

白井　今は健康経営への機運の高まりもあり、多くの企業にとって従業員の心身の健康は注目のテーマです。エンゲージメントサーベイやストレスチェックなどが行われていますが、メンタルヘルス不全に陥る人は増加し続けている。そうした対応では不十分、ということですね。

吉里　メンタル不全の問題に対して、個人の問題として対応するのではなく、チームや組織で解決する方法を標準装備していかないと、連鎖が起きて何人もバタバタと倒れてしまう可能性があります。そのためには、人を「能力」として見るだけではなくて、身体や健康状態を含めた「人」として見る必要があると感じています。

八谷　私が多く接するのが心の不調をお感じの方だからかもしれませんが、会社勤めの方と接すると「不安」が大きく、職場で安全や安心を感じられていない方がとても多そうです。

しかし、安心を土台にして進める仕事と、不安や恐怖を基にして進める仕事では、質が変わってくるのではないかと思います。不安や恐怖を基にすると心配性になりますので、求められている以上のことをしようとしてしまいますし、皆さん、「思考」を拠り所にしている。不安や恐怖などによる思考が消費するエネルギーは非常に大きくて、その神経系の疲労は、心身へ相当なダメージを及ぼします。患者さんを見ていて、長期的にこの思考優位状態が続いているために、ご自身を調整する、安心させることが難しくなってしまったのではないかと感じます。

吉里　企業では皆さん、さまざまに工夫もされているようですが、なかなか職場で安心を得ることが難しいようです。なぜ会社で、仕事の中で安心できないのかと常々思うんですよね。

復職支援をしていて、患者さんファーストの視点では、企業側に「もう少しこうしてくれたら」と、いろいろと思います。私たちの役割上そうなのですが、一方で企業の人からの相談も聞くようになってから、企業も本当に大変だなと思っているんです。企業は学校でも福祉施設でもないのに、「こんなことお願いするのはちょっと酷だな」と思うこともお願いせざるを得ません。「○○さんをちょっと長い目で見てください」とか、「教育的視点を持って育ててほしい」など。立場上、言うのですが正直すごくジレンマを感じます。

ですから、確かに精神衛生上の安心安全が職場で大事だと思う一方で、職場、会社じゃないところで安心安全はつくれないのかなとも思うのです。そうすることで、会社も生産性を上げることができるかもしれません。

近年は小中学校がなんでもかんでも抱えようとして、先生方が大変すぎてパンクしています。それでやっと地域に子どもたちの教育を戻そうと、地域の人が学校に関わりつつありますけど、企業もそれに似てきているのかなと思います。

2 どういったことが安心感につながるのか？

白井　個人も組織も、社外も視野に、安心な状態をつくれていけるといいですよね。ではそもそも、安心はどうすればつくれるのか、改めてご説明いただけますでしょうか。

八谷　ポリヴェーガル理論では、人は安心を感じている人と一緒にいると安心するといわれており、そうした場では緑のモード同士の「協働調整」が起こります。逆に、安心していない人と一緒だと安心できないことが多く、いい意味でも悪い意味でも、やっぱり私たちは調整をし合っているのです。

1番わかりやすい調整は「聴覚」です。たとえば、上司は部下が安心できそうな、柔らかいトーンで話す。叱る場面でも、ゆっくり韻律をつけて指導する、といったことです。ボディランゲージもゆっくりにします。テクニックが必要かもしれないのですが、知識として知っておけば、徐々に心がけて実践していけるようになります。

白井　マネジャーの語りかけ方や聴き方も含めた対話の仕方がとても大事ですね。そして、八谷さんがおっしゃるとおり、マネジャーが自分のモードを少しずつ緑に長く保てるようにして、メンバー一人ひとりと安心した心持ちで接することができれば、対話がよりよい場になり、日々の仕事ももう少し楽になるのではないかと思います。本書で伝えたい、大切なメッセージの1つです。

八谷　かなり前に『もしドラ』（『もし高校野球の女子マネージャーがドラッカーの「マネジメント」を読んだら』）を読んだのですが、「あり方」、マネジャーがどうあるかということが割と書かれていたんです。物事に真摯に向き合うとか。意外に抽象的なことが書かれているんだなと感じました。

ポリヴェーガル理論の文脈で言えば、安心安全に感じられる土台があるからこそ、日々不安や予測できないことがいっぱいな生活や仕事に対して向かっていく力が出てきます。安心していられる「あり方」が先であって、それが下支えとしてあるからこそ前に進めるのではないかと。

ですから、組織の問題がいかに複雑であっても、実は身体の声をヒントに安心できる状態をキープしようとする神経系からのボトムアップに活路があるのではないか、と考えています。

白井　会話の協働調整というのでしょうか、たとえば上司と部下の1on1の場面で、先ほどお話しくださった話すペースや身振りをゆったりとする以外に、何かするとよいことやポイントはありますか。部下に身体を動かしてもらおうとするのは難しいと思うのですが。

吉里　マネジャーが自分の呼吸や興奮具合をモニターするだけでも、私は十分だと思います。マネジャー自身がモニターして緑のモードになれれば、相手も緑のモードになる確率が少なくとも高まりますので。協働調整は

「協働調整をしよう」と思ってしまうとなかなかできないもので、「しようとする」のも赤のモードっぽい関わり方です。自分の調整をしていたら、結果的に協働的に調整されていくだろうという「お任せ感」がポイントだと思います。

白井　今、企業の現場では、マネジャーがメンバーの一人ひとりと対話をして、本人のキャリアを一緒に考えるサポートをしながら、その人の今の担当業務とキャリアをつなげて、「自分にとって今後どんな経験が必要だと思う?」と投げかけます。指示命令ではなく、本人の主体性や、やる気を高める取り組みです。本人が自ら頑張ってくれるような状態をどうやってつくっていくかが求められますが、そのための対話を、マネジャーが、協働調整が起こるような緑のモードでできているかというと、やはり多くの方が赤のモードになってしまっていると思います。昨今のマネジャーが置かれている状況では無理もないことですが。

八谷　組織論や対話のテクニックは、巷に出尽くしているのではないかという気がしていて、あとは本書でいう「自己観察」で、各自でそれぞれが自分の課題や自動反応に向き合えれば、いい組織になれると思うのです。

ほとんどの人が自分のことを後回しにして他人の課題を見ていますし、マネジャーも、役割として他人の課題を見て解決していくことが仕事になっているじゃないですか。ただ、それだけだと自己からは離れていってしまう。その状態で他者観察を中心にして、「あなたはこんな状態ですか?」なんて言ってしまうと、「あなた自身はどうなんですか?」と相手も他者観察して他者観察同士となり、交感神経優位の赤のモード同士のやりとりになりがちです。協働作業を行いたい関係性から、対立の関係性になるリスクがあるということです。

ですから自己観察がまずは重要で、自己観察は対話や関係性を変える、すごく大きなきっかけになりえると考えています。

ただ、結構「自分は自己観察できています」という思い込みが強い方も多いようです。逆に、「自己観察？　自分はできてないかも」という人の方が、できてないところがちゃんと観えているケースが多いですね。

白井　「自己観察できています」と言うけれども実はできていない人は、「自分のことはわかっているし、セルフマネジメントはできている」と思っているということでしょうか。たしかに本当に自己観察ができていそうな、自分のことがよくわかっている人は話が聞きやすいですし、こちらも話しやすい印象があります。

八谷　はい。自己観察できていなくてもできている、とおっしゃる方は、そのようにご自身のことを観ているようです。

吉里　白井さん、そもそも論になってしまいますが、自己観察とは何を観察することと捉えていらっしゃいますか？　特に、企業のマネジャーは何を観察できていれば「自己観察ができている」と言えそうでしょうか。

白井　まず、マネジャー自身が過度なストレスを抱え、疲れている状態で物事を判断したり会話をしたりしているということに、観察して気づくことができるということです。赤のモードにずっといる、ということですね。ただ、気づくだけで次にどうすればいいのか、と聞かれると思いますが、気づくことで初めて、その疲れた状態を少しでも和らげて周囲と接することができるようになる。赤のモードが少しだけ薄まったり、緑が加わって安心した状態になることができます。そうすれば、メンバーとも打ち解けて、お互いに本音が出せる自然な会話ができるようになるはずです。

八谷　少し加えさせていただくなら、「自己観察ができている」ということは、私は「過剰さがわかる」ということだと思います。「頑張る」のと「頑張り過ぎる」のとでは全然違いますよね。この「過ぎ」はすごく自分の足を引っ張るのですが、そのさじ加減は、自己観察の中からこそ引き出せます。

また、先ほど白井さんが「話しやすい」というお話をされていましたが、観察ができると、コミュニケーション能力も上がりますよね。クリニックにいらっしゃる方に「コミュニケーション能力を上げるにどうしたらいいですか」と聞かれることがあるのですが、それこそ自分の内側をきちんとモニターした人は、コミュニケーション能力が上がります。話がうまくなったりする、というよりも、その人の心が安心している様子が伝わるので、相手も安心して話しかけたり、話をしやすくなる、ということですね。この「安心」とは、自分の外側にその題材を探しがちだと思いますが、内側にもあるものです。第5章に出てきた「内受容感覚」を通じた自分の内的な安心を育みたいですね。

白井　**自分の内側をモニターして内的安心を高めるというのは、具体的にはどのようにするといいでしょうか?**

八谷　私はクリニックに来院される方に、よく「あなたの見たいもの、聞きたいもの、感じたいものは何でしょうか？」と投げかけています。この問いについて考えることですね。というのも、私は皆さんが見たいものを見て、聞きたいこと聞いて、感じたいことを感じていたら、うつにはならないと考えています。大体の場合、見たくないものを見させられて、聞きたくない言葉を聞いて、感じたくないものを感じさせられているから、うつになってしまう。

自分の幸せ、自分の安心、自分の見たい、聞きたい、感じたいもの、全部自分の中にしかないはずです。ですから、「今、自分の状態は何色か？」と併せて、先の問いかけを自分にするという「自己観察」を行うとよいと思います。

白井　マネジャーや組織のリーダーが、そうした内なる問いかけを行うことによって、本当に自分の見たいもの、やりたいこと――自己実現といった大それたものではなくて、もう少し身近なやってみたいこと、話したいことを素直に表現できるようになれそうです。

3　緑のモードの感じ方・広め方

白井　マネジャーを中心に、忙しく不安の多い職場に緑のモードを広げていくことが重要と本書で述べてきました。実際、全員が赤のモードの職場の中、1人だけが緑のモードをキープしているというのも、なかなか大変そうです。職場で緑が広がる際のイメージを、もう少しお伺いできますか。

吉里　シンプルに言うと、赤と緑と青という3色のモードは、私たちが「安心するために」あるのです。安心するために赤を使うときもあるし、安心するために青に入るときもあるし、安心するために緑という方法をとるという。目的は一緒なんですね。みんな安心したいし、安心を得るためにいろんなことをする。それならAというやり方に固執しなくても、Bというやり方でもいい、という感覚になっていただけたらいいですよね。

また、先ほども少し触れましたが、副業や趣味、私生活の中でなど、会社、仕事以外のことで何か安心を得られるのであれば、そちらの方が効率がいいかもしれません。そちらで充電して、部下や同僚の方たちに緑を還元する方法もあります。

これまで、業績の数字を拠り所に安心してきていた自分に気づいたら、それだけじゃない方法で緑のモードになっていく方法もぜひ採り入れてもらえたら、職場やチームの雰囲気も変わってくるのではないかと思います。そうすると、職場や仕事上の問題解決にも、それまで思い浮かばなかったいろいろなアイデアが浮かんでくるのではないかという気がします。

八谷　本当にそのとおりで、利益も成果も他人の評価も、実は皆さん、働く個人として「安心するために」求めるものです。それらは手段であって、目的ではない。会社では利潤の追求や、事業を通じたビジョンの実現が目的とされ、それはそれでよいのですが、最終的な心理的な目的は「安心したい」ということのはずです。

たとえば利益でしかマネジャーさんが安心していないとしたら、やっぱり利益で不安になるのです。でも、利益以外からでも安心を得られるとしたら、安定的な安心になっていきます。社員満足度や利益の見通し、社員教育でいい社員が育つというのも、安心につながるのかもしれないですね。

ポリヴェーガル（迷走神経）が本当に嫌うのは、赤のモードでしか安心できないとか、青のモードでしか安心できないとか、赤でずっといないといけないとか、青でずっとそこから抜け出せない、といった、どこかに高止まりな状態です。それよりも、柔軟に、揺れながらも、「自分の安心」に戻れる予測が立てられる、というところが土台になる部分かなと思います。

白井　ありがとうございます。「会社、仕事以外のことで何か安心を得られたら」というお話ですが、今、職場で頑張っているマネジャーは多忙すぎて、会社の外で緑のモードになれるようにする、というところまで視野や活動が広げられないのではないかという気もするのです。そのため、会社や仕事の中でできることがもう少しないかな、と思いました。

吉里　会社や仕事中に緑の神経が反応するためにできることはたくさんあります。決して趣味のような大がかりな活動でなくていいんです。緑は青のような「急ブレーキ」ではなく、「穏やかなブレーキ」ですから。たとえば、ちょっとしたコーヒーブレイク、深呼吸、ストレッチ、簡単な雑談、花に水をやる、ハンドクリームを塗る、といったことですね。

そして「緑のモードがある」ということを知っておくことが大切です。

白井　緑のモードの体験が少なかったり、慣れていないがために赤のモードになり続けてしまうということがありそうです。私が実際、緑のモードを本当に身体感覚としてしっかり感じられるようになったのは、直近の2年ぐらいです。でも、一度知ったり理解したりすると、その意識が育ってくる印象があります。そんな私の体験もあり、マネジャーには緑の体験にぜひ慣れてほしいですし、その前にまず自分が緑のモードに入っている体験や時間が少ないということに気づいてほしいと思います。

なお、心の安定を保つという意味ではストレスの解消（コーピング）もよく挙げられる方法だと思います。「緑のモードになる」ということと、「ストレスを解消する」というのは、大きく異なることでしょうか。

吉里　ほぼ同じと思っても間違いではないと思います。ただ、ストレス解消だけだと、「安心を得ようとしている自分」に気づきにくいと思うんです。そこに気づくことが大切です。

マネジャーの皆さんは、成果を出すのが役割ではありますが、結局、「みんな安心したいんだな」っていうのがわかったら、悟りが開けたようになると思います（笑）。

白井　3色のモードを知った知人から、「犬や猫が出てくる動画をSNSで長時間観ていたりするのですが、それは自分が緑になろうとしている（ストレスを解消している）ということでしょうか？　また、そういう単純なことでもいいのでしょうか？」という質問がありました。つまり、緑のモードに入るというのはどういう感覚なのか、という質問でもあります。

吉里　先ほどもお伝えしましたが、犬猫動画を観るといった、そういうちょっとしたことこそ、いいと思います。仕事をしているときも、犬や猫の動画を観たときの〝感じ〟が得られたらいいんです。大きな枠組みでいうと、その〝感じ〟を「緑」と私たちは呼んでいます。

なんか満足できた、いい気分になった、達成感を得られた、といった感覚を、私たちはただ得たいだけなはずなのに、その手段が仰々しいことになっている。その手段を取ることが、八谷さんの先ほどの言い方で言えば、目的に変わってしまうんですよね。「部下を思い通りに動かすことが自分の使命だ！」といったように。でも実は、部下がちゃんと動いてくれることで得られるのは、「うまくいった」「よかった」という緑の感覚だけなはずなんですよ。

八谷　そうですね。犬や猫の動画を見て得られるぼんやりした心地よさが、安心であり、緑のモードの感覚です。この安心さえ担保されていたら、失われても何回も戻ってこられるはずなんです。

吉里　喉が渇いている（安心していない）状態で仕事するよりも、喉が潤っている（安心している）状態で仕事した方がうまくいくということを、私たちの身体は経験上、知っています。この、満足した状態だとうまくいく、ということがわかると、満足でいる状態になることの優先順位が高いことが、身に染みてわかってきます。

八谷　サッカーのPKでたとえれば、世界のトップ選手であっても、大舞台で外すじゃないですか。でも練習なら絶対外さないはずです。赤のモードで緊張したり、余計な力が入ってしまうと、優れた選手でも外してしまう。「きっと大丈夫」と安心した気持ちで蹴るのと、「失敗したらどうしよう」と思いながら蹴るのとでは全然違う。安心するのが先なんです。体験してわかる世界なので、表現が難しいのですが。

吉里　ちょっと乱暴に言ってしまうなら、猫の動画を観て安心できる人は、観ながら仕事をしたらいいのです。その方がいろいろうまくいくという経験を積むと、緑を多くする意味や必要性がわかってきます。「緑、緑赤のブレンド状態で仕事する方が、なんかうまくいくぞ」という経験と見通し。安心できる状態の優先順位が上がっている状態をつくればいいんです。

「自分は結局、安心したかったんだ。じゃあ安心する状態の優先順位が高ければうまくいくんだ」という感覚をつかめるといいですね。

白井　お話を伺っていて、マネジャーやチームメンバーの「安心」が先になくして業績達成はない、と言ったら言い過ぎかもしれませんが、チームや組織に安心がない状態で成果を上げ続けることは、やはり不可能ではないかと思いました。ですから今、成果を追うことと、職場の心の安心安全の確保の両方をやろうという風潮になっていると思いますが、後者が先という「順番」なのだと。そのためには、マネジャーも、会社の外も含めて、緑のモードの体験を自分なりに感じていくことが大事なのだと捉えました。

吉里　少し付け足すなら、ポリヴェーガル理論では、身体が安心安全を感じていることを重要視しています。つまり「頭（認知レベル）で安全だと思っていても身体が安全を感じていない」という場合は「安全性が得られていない」と解釈します。「心理的安全性」という言葉が近年よく使われますが、身体の安全感まで含まれていない議論もちらほら見受けられます。我々が強調したいのは、たとえば脈拍や呼吸数が穏やかであるような身体的な安全感覚も含めた「安全性」を目指してほしいということです。身体が安全や安心を感じていると、認知レベルでも安全を感じ、クリエイティブな発想やチャレンジ精神も増えてくると思われます。

八谷　身体を大切にすると、深い睡眠や消化を促し、他者とつながりをつくれたり、不快から離れることができます。よく眠れるとクリエイティブに感じたいものに主体的にアクセスできますが、それには神経系の土台が不可欠なのです。社会で立ち行かないときは、身体（神経系）をモニターすることで、身体・心・社会の調和をもたらします。

白井　お2人のお話から、働く人やマネジャーが、「思考」ばかりではなくて、自分たちの「身体」をより見つめて付き合うことの重要性を感じています。ただ心に安心を感じる、ということだけでなく、身体もよい状態であることが真の安心安全なのですね。

八谷　はい。ぜひ産業界でも、もっとポリヴェーガル理論が活用されて、身体性を含めた自分や他者の全体を大事にしていただけることを、心から願っています。

第8章

観察力を高めるエクササイズ

観察力とマインドフルネス

1 観察力を高めるために

ここまで、3色のモードを使った自己と他者の観察と、それを通じた他者との関わり方や意義などについて解説してきました。

本章では、それを頭だけでなく身体、体験でご理解いただくためのエクササイズをご紹介します。ここまでお読みくださった皆さんは、赤・青・緑のモードについて自身の体験などを通じて理解され、識別できると思います。その上で本章のエクササイズを行うことによって、より身体主導でモードに気づきやすくなります。呼吸の浅さ、身体のこわばりを通じて赤のモードに気づく、といった機会が増えていきます。日常で身体を意識することによって、より精度が高まり、経験しているその場で気づけるようになっていくのです。

何より、ご自身の身体を起点として、思考や感情、疲労やストレスに気づき、対策がとれるようになるため、仕事や生活のコンディションがよりよいものになっていくのです。

もちろん、続けていくことによって緑のモードでいる時間が長くなっていきますし、赤・青のモードにいるときも自覚的でいられるようになり、意図的、能動的に対処できるようになっていきます。

この3色のモードを扱ううえで効果的な練習のひとつが「マインドフルネス」です。

マインドフルネスとは

「マインドフルネス」は、グーグル等のＩＴ企業でも導入されており、皆さん聴いたことや経験したことがあるかもしれません。米国で１９８０年代から広まり、２０１０年代から数回のブームを経て今に至ります。基礎となった「マインドフルネスストレス低減法」（米マサチューセッツ州で医療分野から世界に広まった8週間のプログラム）を１９６０年代に開発・実践してきたジョン・カバットジン氏の定義によると、マインドフルネスとは、『意図的に、今この瞬間に、価値判断することなく注意を向けること』です。この定義は少し難しいので、『今ここに心を込めている』という定義の方がわかりやすいかもしれません（株式会社Ｄ・Ｍ・Ｗの定義）。大事なことは、過去や未来に意識を行き来させずに、今起こっていることを大切にすることです。

これらの定義を踏まえて本書で伝えたい「観察＋マインドフルネス」の定義とその有効性は、次のようになります。

外部からの刺激や自分の内側の思考、感情、身体で今、起こっていることに対して、意図的に気づく。そして、その気づきによって生じる自分の反応に気づき、それを受け入れる経験を積む。

結果として自分の調整ができるようになり（＝自己調整）、安心や快適さを保てた状態で生活・協働ができるようになる。他者との関係も安心や快適さが増えていく（＝協働調整）。

マインドフルネスというと「瞑想」のイメージが連想され、距離感を覚える人もいるでしょう。多忙な毎日で、とても瞑想の時間など持てないという方もいると思います。本書の内容との関連性がわからないと思う方もいるでしょう。

しかし、マインドフルネスはPCでいうOS（オペレーティングシステム）のように、人にとって重要な土台となりうるものであると感じています。筆者は企業の人材開発・組織支援に関わる中でこの知識体系とエクササイズに出会い、約10年の実践経験を持ちます。その中で、マインドフルネスが思考、さらには心の柔軟性を高めることなどに効果があり、応用範囲も幅広いものであると実感してきました。そのため、特にビジネスの現場で、仕事や立場に関係なく、できるだけ多くの人に活用していただくことを目指しています。

そこで、個人や組織を支援する立場から見た、マインドフルネスが果たせる役割や効果をご説明しましょう。

ビジネスシーンにおけるマインドフルネスの効果

主にビジネスシーンを想定した場合の、「観察」に関連したマインドフルネスの効果には、以下があります。①が基礎で、そこから④まで順に積み上がっていくイメージです（図8－1）。

①集中力の向上（観察のための基礎的な力）
②内省力の向上（自分の状態〈モード、自動反応〉に気づけるようになる）
③他者との関係性向上（柔軟性のある対話・意図した対話ができるようになる）
④発言や行動の一貫性や柔軟性が増す

マインドフルネスは、他にも精神的な発達、創造性（課題の発見、クリエイティビティ）、ビジョンの創造など、幅広く応用できるものではありますが、本書に係る内容と

図8-1 マインドフルネスに期待できる結果・効果

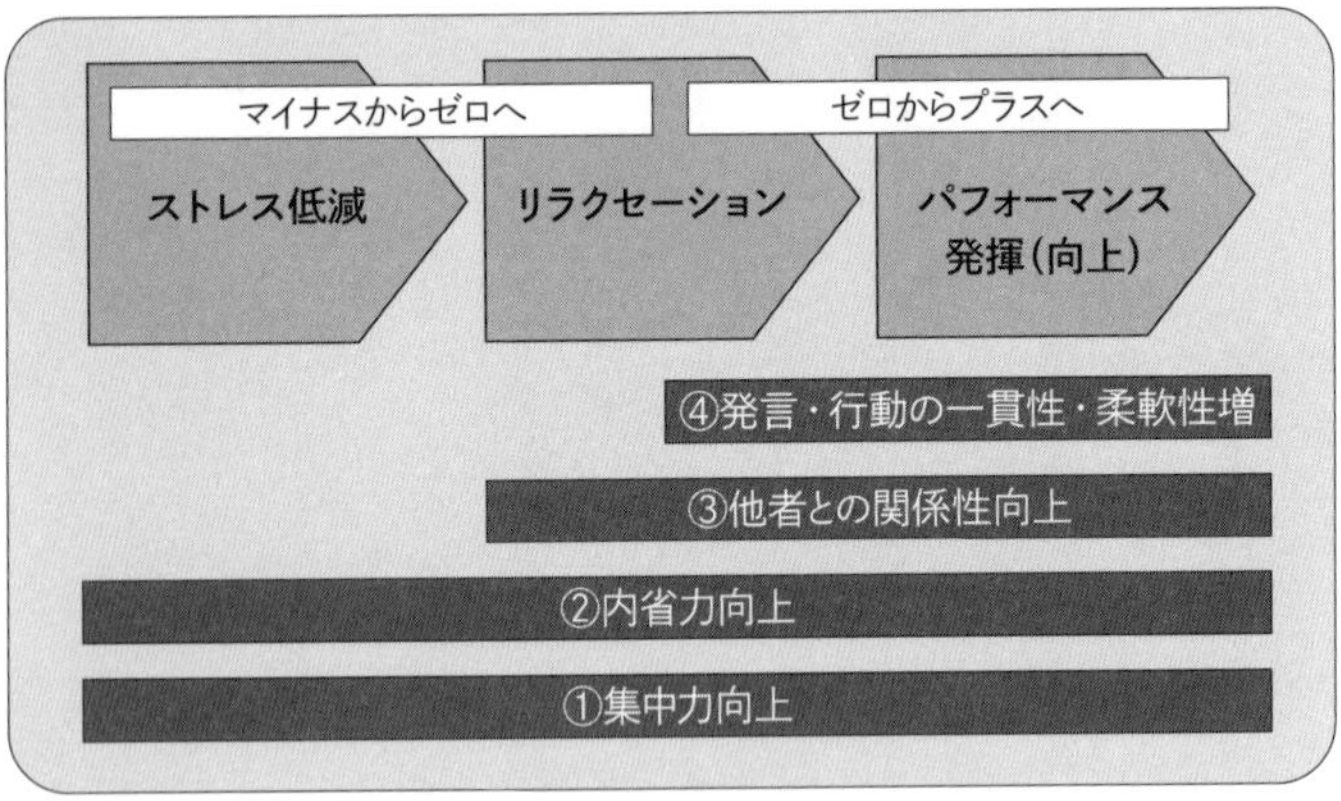

してはこの4つです。これらの要素を束ねると、「マイナスからゼロ（ストレスの低減からリラックスした状態）」、そして「ゼロからプラス（リラックスした状態からパフォーマンスを発揮できる状態」までをカバーする、セルフマネジメントのスキルといえます。

　マインドフルネスのセミナーの広告や記事などを見ると穏やかな笑顔を浮かべたモデルと自然の景色などが載っていて、精神的に落ち着く印象があるのではないでしょうか。しかし、それはマインドフルネスの効果の一部にすぎません。マインドフルネスは、困難な状況、たとえば赤のモードにおいて、自分の状態を落ち着いて観て、感情に流されずに対処、調整していくことなどにも力を発揮します。本書で何回も出てきた自動反応などを扱えるようになるのです。

マインドフルネスの基本

そのような優れた効果を持つマインドフルネスですが、その基本的な取組方法は、特定の「中心対象」を決めてそこに注意を向け、意識し続けるというものです。具体的には「中心対象に居る」「中心対象から離れたことに気づく」「離れたら中心対象に戻す」の3つを繰り返します（図8－2）。

①中心対象に居る

「中心対象」とは自分の注意の向け先です。代表的なものは「自分の呼吸」ですが、呼吸に限りません。実は呼吸に注意を向けることは、やや難易度が高いため「自分と床、自分と椅子の接地面の感触」、「音（周囲で聞こえる音、身体から聞こえるかすかな音など）」、「身体のどこかの感覚（皮膚、肩、胸、お腹など）」など、感じられるところならどこでも構いません。注意を向けて、できるだけ長くそこに注意を向け続けます。

呼吸が中心対象としてよく推奨されるのですが、その理由は、他の対象に比べて心拍数に影響を与えやすいということが考えられます。たとえば、赤のモードになっているときに呼吸を中心対象にすると、上がっていた心拍数が低下することが多く、これ自体、自己調整といえます。一方で人によっては呼吸を意識すると心地悪さを感じる場合もあります

図8-2 マインドフルネスの基本

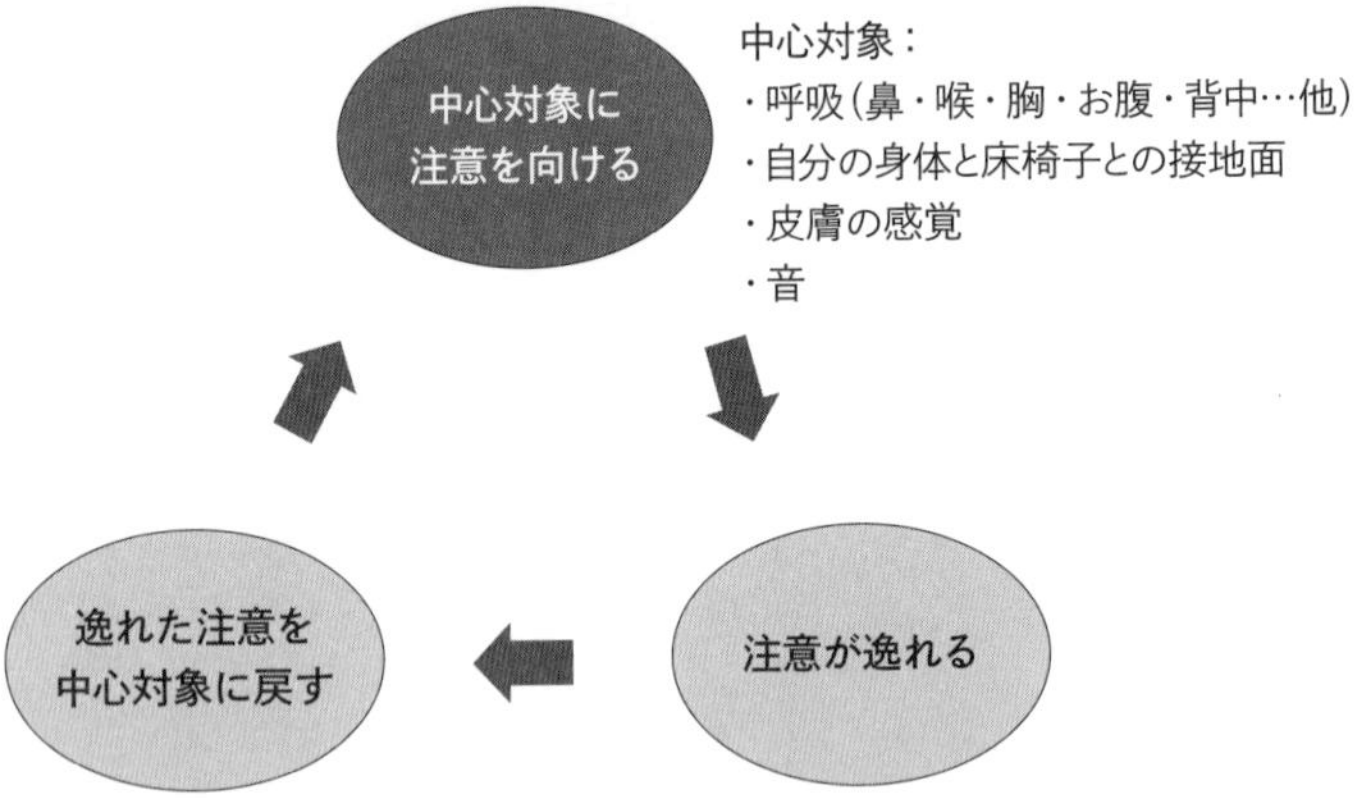

（その場合には他の対象を選びます）。

中心対象として呼吸を選択した場合、ポイントが2つあります。1つ目は、特に**コントロールしない自然な呼吸を感じる**ということです。私たちは何も意識しなくとも吸うと吐くを自然に繰り返していますので、その動きについていく、というイメージです。

2つ目のポイントは、**呼吸という対象を身体の感覚を通じて感じる**ということです。頭の中で「吸う、吐く」と唱えたりせず、ペースやリズムも取ることなく身体の感覚で呼吸を体験し、感じていきます。身体のどの場所でも構いませんが、一般的には、鼻や喉に空気が入ったり出たりするときの通り道の感覚や、胸やお腹の空気の出入りによる膨らみや凹みの動きによって生じる感覚を感じます。最初は感じにくいかもしれませんが、徐々に慣れてきます。もし、感じづらい、または心地悪く感じる場合、先に紹介した椅子と身体の接地面、聞こえる音など、別の場所の中心対象に変えます。

②中心対象から注意が逸れたことに気づく

おそらく10秒も経たないうちに、中心対象から注意が逸れるでしょう。たとえ逸れてしまっても、「中心対象から注意が逸れた」と自分で気づくことが大切です。

中心対象から逸れるのは失敗ではなくて、むしろ自然なことです。何かに集中して意識し続けるのはとても難しく、身体の他の部分に注意が移動したり（痒みや痛み、しびれなどが原因になることもあります）、何か気がかりなことや、特定の考え（思考）が頭の中に浮かんだりもするでしょう。逸れたことに気づいたら、それを悪いことと否定せずにただ「自分は○○と考え始めた」「□□の記憶を思い出している」「△△に痛みを感じ始めた」などと確認をします。心の実況中継をするようなイメージです。

どんなに経験を積んでも、意識は逸れやすいものです。外部刺激や内部刺激（思考や感情、身体感覚）に影響を受けるため、仕方のないことです。繰り返しになりますが、意識や思考に飲み込まれずに気づくことが大切で、練習によって集中力が培われます。

③逸れたら中心対象に戻す

意識が逸れたことに気づいたら、元の中心対象へと戻します。以降も、①→②→③→①→②……と、意識を中心対象に集中する、逸れたら戻すを繰り返します。

これは筋力トレーニングのようなもので、経験や回数をこなせばこなすほどに徐々に長い時間、中心対象に居続けられるようになりますし、やがて逸れにくくなります。そして逸れても気づきやすくなっていきます。地道な練習を積み重ねる覚悟が必要です。

2 3種のマインドフルネスエクササイズ

こうしたマインドフルネス（瞑想・エクササイズ）は、大きく分けて3種類あります。

①集中型（フォーカス・アテンション）：「気づき」「受け流す」

自分の状態や特定の対象（呼吸、音や匂いなど）に注意を向け、集中力をつけるエクササイズです。集中力がつくと自分のモードや自動反応に気づきやすくなります。そして、注意の対象をコントロールできるようになれば、向くべきところにとどまり、向く必要のない対象から離れられるようにもなります。

図8-3 3種のマインドフルネスエクササイズ （カラー版P.8）

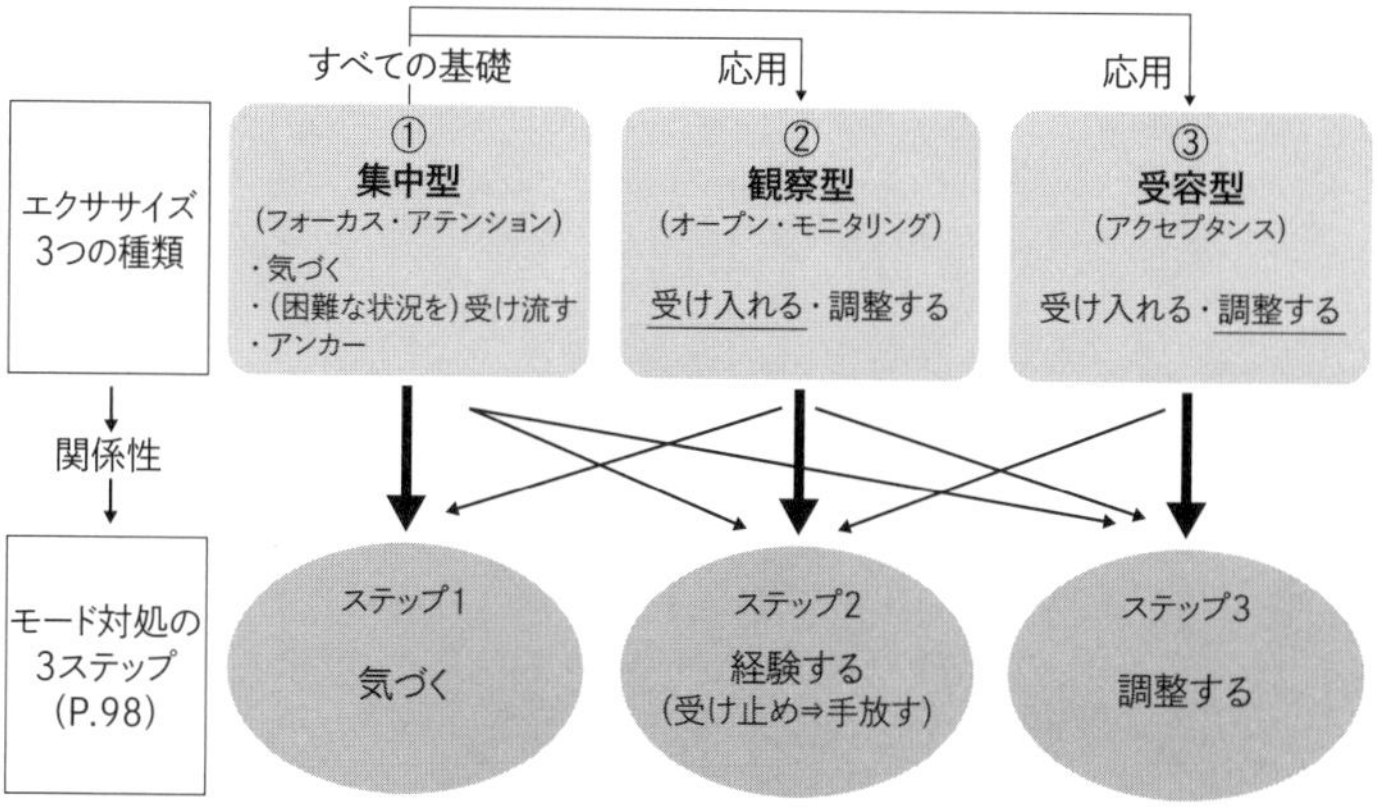

※太い矢印はエクササイズと3ステップ各所との結びつきが強いことを示している。

②観察型（オープン・モニタリング）：「気づき」「受け入れる」

自分の身体感覚、思考、感情などを対象として観察し、その状態を感じます。身体や心の中に生じている反応など、それまで気づけていなかったものが気づけるようになっていきます。経験を積み重ねることで気づけるようになると、その反応を受け入れられるようになっていきます（＝自己観察・自己調整）。

③受容型（アクセプタンス※）：「受け入れる」「調整」

生じた反応（身体感覚、思考、感情）を受け入れ、自分の態度がやわらぎ、安心した状態に移行していきます（＝自己調整）。徐々に「緑のモード」につながっていく体験です。

①の集中型がすべての基本です。ここで高める集中は、②③の自分の状態を観察する力、受け入れて調整する力の発揮に直結します。

順番に、効果などと併せて、それぞれのエクササイズを紹介していきます。本章の最後に私のガイド音源を収めたサイトへのリンクを掲載しますので、併せて参考にしていただくと体験しやすいでしょう。

※マインドフルネスでは一般的にこのスタイルの瞑想を「(セルフ・)コンパッション」と呼ぶ。本書では「自分の置かれた状況を受け入れる」という目的を重視し「アクセプタンス」に統一する。

❶集中型（フォーカス・アテンション）気づいて受け流すエクササイズ

それでは、集中型、注意を向けてコントロールするためのエクササイズを、実際にやってみましょう。

エクササイズ①a 「身体の感覚」を中心対象にして経験してみる

まずは中心対象に注意を向けること自体に慣れる練習です。

- 目はつむっていただくのが望ましいですが、不快に感じる場合は薄目を開けたり、開けていても構いません（以降のエクササイズも、すべて同様に、ご自身の選択に基づいて、つむらなくても大丈夫です）。自分にとっての安心、楽な状態を優先します。

- どこか、身体の一箇所を選び（頬、胸、お腹など）、そこを中心対象として感じてみます。感じられたら、しばらく感じ続けます。やがて注意が途切れてその場所の感覚から離れます。そうしたら、再びその場所への感覚に注意を戻します。これを繰り返し、5分ほど続けてみます。

エクササイズ①b 「呼吸」を中心対象にして経験してみる

次のステップとして中心対象の代表といえる「呼吸」に慣れる練習です。①aと比べて変化や動きが入ってきます。

- 呼吸を中心対象にして、注意を向けましょう。呼吸を、どこか身体の感覚を通じて感じてみます。鼻、喉、胸、お腹や、他にも背中などでも感じられるかもしれません。
- 選んだ箇所に注意を向け続け、注意が逸れたらまた戻る、を繰り返します。これもやはり5分くらい続けます。
- 呼吸を感じる場所はいろいろな箇所を試してみて、気に入った場所ができたら、そこでしばらく固定して続けてみます。

エクササイズ①c

「アンカーを感じる」

さらに、自分にとって扱いやすかったり、安心につながる中心対象を探す「アンカーを感じる」エクササイズです。「アンカー」とは船の錨のことで、荒海でも錨を沈めておけば、船は流されずにとどまり続けられます。中心対象をアンカーとしていつでもそこに戻れるようになれば、どんな状況に陥っても状況に飲み込まれず、静まった態度で臨むことができます。困難な状況を経験しながら、心の一部で中心対象を意識します。そうすることでモードが赤や青でも、落ち着いて経験できるようになっていくでしょう。これが自分でできる安心・安全の確保であり、アンカーを意識する大きな目的です。

自分にあったアンカーを探す上では、最初は自然な呼吸に集中し、その後、自分にとってお気に入り、もしくは一番落ち着くアンカーを選定します。

- 床や椅子などにリラックスした姿勢で座り、目をつむります（つむるのが不快な場合は開けるか半眼などにします）。
- 最初に自分の身体と床や椅子との接地面に注意を向け、その質感を感じます。硬さ、

柔らかさ、温かさ、冷たさなどです。いいとか悪いではなく、ありのままを感じます。

■次に自分の呼吸を感じます。コントロールせず、自然に呼吸をしながら感じます。深い場合は深いと感じ、浅い、早い、遅い場合も、同じようにただ、そう感じます。

■呼吸から注意が逸れたら、呼吸に戻ります。

■上から順に、いろんな場所で呼吸によって生じる身体の感覚を感じていきます。

■鼻……空気の出入りで鼻の気道に流れる空気が触れて、変化し続ける感覚

■喉……空気の出入りで喉の気道に流れる空気が触れて、変化し続ける感覚

■胸……空気が出入りして膨らむ↓閉じて凹む、の変化し続ける感覚

■お腹……空気が出入りして膨らむ↓閉じて凹む、の変化し続ける感覚

■他の部分……背中、お腹の側面など、自分で感じられるところの変化し続ける感覚

(呼吸への注意を不快に感じる場合は、他の対象を感じます。〈自分の身体と椅子の接地面、どこかの身体の部分の感覚、音など〉)

■最後に、自分が感じやすかった場所や、安心できる、心地よかった場所がどこかを思い出して、その部分をアンカーに選定して、続けます。全体で5~10分ほど行います。

いかがでしょう。このエクササイズで大切なことは、さまざまなアンカーになりうる場

所を感じてみることと、自分が安心できる場所を自覚的に選ぶ体験をすることです。

アンカーは1つではなく、できれば複数あるとよいでしょう。場面によって、感じられない場合もありますし、身体の状態は常に変化していますので、今一番安心したり落ち着くとしても、変化する場合があるからです。お気に入りの場所、選択できる箇所を2〜3種類持っておくのがお勧めです。

なお、アンカーを感じていると、徐々に緑のモードに自然に入れることがあります（その状態を頑張りすぎない程度で目指してみてください。頑張ると赤のモードになっていってしまいます）。

エクササイズ①d　Be Present ※

「Be Present」は、中心対象を2箇所に移動させて、全身も感じるエクササイズです。お腹と身体全身を交互に感じながら、感じる時間を伸ばしていきますが、その体験が「今、この瞬間に居続ける」という体験になります。

- 床や椅子に座ってリラックスし、楽な姿勢を取ります。立っていても大丈夫です。目をつむれる場合はつむります。
- お腹を中心対象として感じ、息を吸い込みます。お腹に空気が集まってくるようなイメージで吸い込みます。

■次に、全身の表面（皮膚）を中心対象として感じながら息を吐きます。可能な場合は身体全身の毛穴から蒸気が柔らかく出ていくイメージを持って行います（イメージできない場合は無しで構いません）。

■お腹と全身、2つの中心対象を切り替えながら繰り返していきます。

■別の場所や思考などに注意が逸れたら他のエクササイズと同様、再び2つの中心対象のどちらかに戻して続けます。

■ペースやリズムをコントロールしない、自然な呼吸で行います。

このエクササイズは身体の表面の感覚を通じて緑のモードを感じやすいため、多くの方にお勧めしています。身体全体で心地よさや、リラックスした状態を感じられる可能性があります。

※本エクササイズはMatthew Satya Monroe氏の体験クラスを筆者が受講し、本書の目的に沿って筆者が編集したものである。

集中型に慣れたらできるようになる「気づく」「受け流す」

集中型のエクササイズに慣れると、仕事や生活における自身の状態に気づいて受け流し、リラックスできるようになっていきます。どういうことか、流れを追ってみてみましょう。

日々の仕事や生活の中で、何か刺激を受けてモードが赤（ときに青）に変化すると、ストレスや疲れを感じます。おそらく、思考は活発に、呼吸は浅く早く行われ、血流は多くなっているはずです。これらに連動して、筋肉は硬直している状態が続くでしょう。

他方、マインドフルネス（集中型の瞑想）に慣れていると、自分のモードが赤（もしくは青）のモードになった際に、赤だ、青だと気づけることが増えていきます。気づけたら、反応的にならずにアンカー（呼吸や他）に注意を向けます。そのままアンカーの存在を感じながらその状況を体験し続けるか、一拍置いて間を取ります。話すことを控え、聴くことに徹するなどです。すると自然に身体の状態も変化し、結果として心拍数がゆるやかになったり、呼吸もゆったりとしたものになるでしょう。この状況に気づきながら変化を経験する一連のプロセスが「受け流す」です。またこのプロセス自体が「自己調整」といえます。どうしてもイライラやストレスが収まらない場合は、場所を変えてアンカーにさらに集中し、回り続ける思考や感情が収まるまで待ちます。

「受け流す」ことができたら、身体の筋肉の緊張が緩和され、安心も確保でき、リラックスしやすくなります（緑のモード）。気づいてアンカーに注意を向けるなど、自分の選択によって、このような流れをつくることができるのです。

私たちは、特に赤のモードには、我慢したり抑圧したりしてしまいがちです。無自覚ながら制御しようとして自分の本音や気持ちを奥に仕舞い込み、ストレスや身体的な緊張が蓄積されていってしまいます。

マインドフルネスは、我慢や抑圧とは真逆のアプローチです。起こっている状況に気づいて、そこで起こる反応と変化を観察し、受け流します（P71図2－5のDはまさにマインドフルネスの体験です）。

以上がマインドフルネスの基礎である「集中型」エクササイズです。集中型は赤・青モードへの対応（気づく→経験する→調整する）の入り口でありながら、気づくだけでなく経験することでもあり、調整にもなりえます。

❷ 観察型（オープン・モニタリング）観察し受け入れるエクササイズ

エクササイズの2つ目「観察型」は、自己観察との関連でいえば最も大切で、本書で紹介してきた観察そのものです。海外では「オープン・モニタリング」と呼ばれており、注意を開いてあらゆる対象や現象、つまり「今起こっていること（思考、感情、身体）」をありのままに経験していくエクササイズです。

エクササイズ②a　ボディスキャン

観察型の代表的なエクササイズです。身体の一つひとつの部分に注意を向けて、感覚を一つひとつ確認していきます。

- 態勢を準備します（寝ていても座っていても構いません。椅子に座って行うことをお勧めしますが、その時の気持ちにあわせて自由に選択してください。目はつむってもつむらなくてもどちらでも構いません）。
- 中心対象（アンカー）にしばらく注意を向けて、動いていた注意の対象を安定させます。
- 頭頂から足先、もしくは足先から頭頂の順番に、全身の一つひとつの部分に注意を向けて感覚をくまなく感じていきます。その部分の存在を感じたり、痒さや痛み、温かさや冷たさなどを感じてみます、感じにくい場合は手でその場所に触れてみたり、動かして感じてもよいのですが、なるべく動かさずに感じてみます。

頭から順に、頭頂、おでこ、両目、鼻、顎、頬、後頭部、首まわり、胸、みぞおち、お腹、背中は上部、真ん中、腰、お尻、胴体の側面。(以降、肩や手足は両方同時に感じます) 肩、二の腕、前腕、手のひらと甲、指。足は付け根から太腿、スネ、ふくらはぎ、足の甲、かかと、土踏まず、足指など。頭頂から足の爪先へ、水が上から下へと身体を伝って流れていくイメージを助けにしてもよいでしょう。逆に、足から頭に上がっていくほうがよい場合はそうしましょう。自分の選択で進めます。

■自分の時間が許す限り感じてみます。5分~10分は取り組みたいものです。時間をかけられる場合は30~45分ほどかけてみましょう。慣れてきたら観察のスピードを上げても構いません。ただし各部位の感覚を大まかにでも感じられている場合のみです。上から下へと終わったら逆に下から上へ上がって繰り返してもいいでしょう。

やってみると、感覚が感じられない部位が意外と多いことに気づくかもしれません。また、感覚を感じやすい場所、感じにくい場所、まったく感じられない場所などさまざまですが、感じられないとしても、あまり考えすぎずに、「パス」して次の箇所に進みましょう。次の機会には感じ方に変化があるということも多いです。また身体の外側だけでなく内側（たとえば、胸やお腹の内側）も慣れてくると感じられることもあります。

心地良い・悪い、良くも悪くもない、など感じ方もいろいろですが、それを好んだり嫌ったりせずに進みます。良くも悪くもない場所はインパクトが薄いため感じにくいのですが、経験を積んでいくと、その微細な感覚がわかるようになります。徐々に心地よい場所がわかるようになったり、心地よく感じる場所が増えていきます。これが身体の緑のモード体験です。このエクササイズを繰り返し行うことで、緑のモードに移行しやすくなっていくことができるでしょう（ただし、その感覚を追い求めないようにします）。

ボディスキャンでは、感覚を感じられなかったとしても、感じられるようになることを目的化しないことが大切です。無理に感じようとする必要はありません。強く求めると赤のモードが働き、身体も緊張します。目的を持って事を運ぶのは赤のモードの世界観です。「身体に集中する結果として、自然に身体が緩んでいく」ことを目指します。意志から離れた、身体の反応で緩んでいきます。結果としてのリラックスです。

最初のうちは、自分ひとりで行うよりも、後ほど紹介する音源や動画の手を借りながら練習することをお勧めします。

エクササイズ②b　座る瞑想（身体感覚、思考、感情などのモニタリング）※

②aのボディスキャンでは身体に注意を向けましたが、この瞑想は身体に加えて、思考、感情にも注意を向け、その先では、対象を選ばずに自在に感じていく練習です。ボディスキャンよりも日常の状態に近い経験を積むことができ、エクササイズと日常の境目がなくなってきます。

- 楽な体勢になります（寝ていても座っていても大丈夫です。目はつむるのが理想ですが、選択は自由です）
- 中心対象（アンカー）にしばらく注意を向けて、動いていた注意の対象を安定させます。
- アンカーの1点から身体全体（身体の表面と内側のできるだけ広い部分）に、注意の対象を自分のペースで広げていきます。感じられるところと感じられないところ、快・不快などありますができる限り好んだり嫌ったりせずに感覚を感じていきます。
- しばらく全身を感じながら起こっていることに気づき続けていきます。何かを感じたら「今、自分は〇〇のあたりを□□と感じているな」と、感覚に気づきます（5分程度）。言葉を使って実況中継してもよいですが、慣れてきたら言葉を介さず身体感覚そのものを感じるようにしていきます（続く他の観察対象も同様に、慣れたら言葉を介さず行います）。

■次いで、周囲の音を観察します。次々と起こる音に意識を向けて気づきます。遠くの音や近くの音、身体の中の音や振動。聞こえる音、感じる音にすべて気づいていきます。ある音を聞くと、それを心地よく感じたり、不快に感じたりする自分の態度（＝反応）に気づくかもしれません。そうした一つひとつを大切に自覚しながら気づきます。

■次に、思考を観察していきます。「今、自分は〇〇という考えをしているな」と気づきます（5分程度）。次々と起こる考えに意識を向けて気づきます。浮かんでくるイメージ、言葉、未来の心配事や期待、過去に経験した場面のストーリー、小さくて捉えどころのない自分の心の中の声（心の実況中継）……これら一つひとつに気づきます。

■今度は感情を観察します。「今、自分は〇〇という気持ちを経験しているな」と、次々と起こる感情に意識を向けて気づきます（5分程度）。

感情は強いもの、微細なもの、ポジティブに感じるもの、ネガティブに感じるものとさまざまです。いつも頭の中で思考を巡らせている方の場合、自分の本来の感情や気持ちがわからなくなっている方も少なくありません。感じにくい場合は、いったん自分の感情を天気に例えてみます。晴れ、雨、曇り、曇り時々雨、晴れのち曇り、嵐や雷雨など、どんな空模様でしょうか。天気に好き嫌いがあるかもしれませんが、それはそれで、そんなふうに好んだり嫌ったりする自分にも気づきます。

■最後に、対象を選ばずに観察します。「今、自分は〇〇を経験しているな」と気づきます（5分程度）。瞬間瞬間で内部刺激の思考、感情、身体感覚が次々と起こります。内部刺激の3要素以外にも、五感で感じる外部刺激の音、匂い、風などに気づいたり、それらの刺激に端を発した思考・感情・身体感覚の連なりや要素間の相互作用も見えてくることになるでしょう。そういったことすべてに、できるだけ気づく練習です。

ボディスキャンと同じくらい行いたいため、5分〜10分は取り組んでみましょう。仕事の休憩時間などで5分程度行うこともお勧めです。余暇の時間など、長くかけられる場合は30〜45分をお勧めします。日常で行うには朝起きたとき、夜寝る前などがよいでしょう。すべてセットで行わずに、「思考」「感情」「身体感覚」など一つのテーマに絞って5〜10分くらいエクササイズをするのも、よい機会になります。気づきにくい対象に気づくやすくなる練習をしたり、理由のわからない不安やイライラを感じたときに思考や感情などを観察してみます。自分の状態を自覚するだけで落ち着いたり、心が軽くなったりスッキリできることもあります。

※「座る瞑想」は、ジョン・カバットジン氏が開発したマインドフルネスストレス低減法（MBSR）で行うエクササイズである。

エクササイズ②c　歩く瞑想

②b座る瞑想の、思考、感情、身体感覚の体験すべてに注意を向けるという練習を、歩きながら行うものです。座る瞑想よりももっと日常に近い経験になっていき、エクササイズと日常の境目がなくなります。目を開けて行うため、外部刺激がさらに入ってきますので、そこで生じる身体と心や反応の連鎖などに気づいていきます。座る瞑想からさらに日常に近づけた練習です。実践的であり、難しさを感じるかもしれませんが、少しずつ慣れていきましょう。

最初は、数歩でも歩き回れる、外部刺激の少ない静かな場所や室内で実践がお勧めです。慣れてきたら屋外など、情報や刺激が多い場所で実践してみると変化を感じる練習になります。

ステップ1　歩きながら感覚に気づく

- 選んだ場所でしっかりと立ち、目は開いて正面より下の、進行方向をぼんやりと見ます。視野を少し狭くするようなイメージです。
- 右足か左足、どちらでも好きな方の足を前に出し、徐々に歩くために体重を移動していきます。かかとが離れて、前に移動して、浮かせて前に移動して再び地面に触れます。

その一歩、前進する感覚を感じます。

- 今度は後ろの足を前にゆっくり移動し、体重を乗せて、先ほどと同様に歩く体験に注意を向けます。
- 最初は足の裏の体重の変化だけを感じるように観察し、徐々に膝の下、足全体へと意識する場所を広げていきます。しばらくは動きによって生じる足の感覚の変化を観察します（感じ続けます）。
- 慣れてきたら、歩きながら、注意を足から身体全体に広げていきます。自分のやり方で、注意を身体の表面、内側に向けて注意を広げていきます。一歩一歩で生じる身体感覚の変化に気づいていきます。

ステップ2　外部・内部刺激を受けて刻一刻と生じる変化に気づく

- 引き続き歩きながら、座る瞑想の後半の体験のように、歩きながら思考、感情、身体感覚と、自分の中で、次々と生じる変化に気づいていきます。五感を通じて感じる外部の情報やその影響にも気づいていきます。
- 「今、自分は○○を経験している」「今の私は赤（青、緑、あるいはブレンド）だ」などと気づき続けます。

■外部の刺激（五感で感じる事象）を受けたときの変化、さまざまな要素の連なりに気づいていきます。

外部刺激と内部刺激、その反応、移り変わる連鎖の実況中継です。最初は言葉で実況中継をしてもいいかもしれませんが、慣れてきたら心の中で感じながら体験を進めます。

ここまでできると、日常において私たちの身体のモードがいかに外部刺激を受けて目まぐるしく変わり続けており、思考、感情、身体感覚が生じているかが見えてきます。外部刺激を受けて内部刺激が立ち上がり、そこからさらに反応が生じて色が変わっていくという、反応が次の反応を呼んで連なり続けていっていることもわかってきます。

大切な点は、その状態を無理やり変化させようとせずに気づくこと。厳密には、気づいて、受け入れて、調整していくのですが、その流れは慣れれば慣れるほどに自然に収まり、モードが落ち着いたり、緑のモードに変化していきます。これを体感して、どういうことなのかを身体でつかんでいきます。

これらのエクササイズは、改まって瞑想の時間を取らなくても、隙間時間にも採り入れられますので、積極的に練習して、徐々に慣れていってください。そしてその練習が、身体や心の状態の切り替えにもなることを覚えておきます。

観察型のキーワードは「受け入れる」

観察型は「自己観察」の本質であり、要です。身体の観察ができたら、徐々に思考、感情へと観察の対象を広げて行きます。身体・思考・感情の中では身体に気づくことが一番、自分の状態に気づきやすいため、その順番で行います。

観察型エクササイズでは「受け入れる」がキーワードになります。集中型のエクササイズで高まった集中力を土台に、観察型のエクササイズを行うことで、より強く長く安定した力で身体、思考、感情に気づくことができるようになるでしょう。最初は、丁寧に身体の感覚を感じていきます。身体の感覚がつかめると、徐々に思考や感情にも気づきやすくなっていきます。注力したいのは、やはり身体の状態に気づくことです。それにより、赤、青、緑のモードの状態がわかっていきます。それが何より大切です。

次に「受け入れる」ですが、人は誰しも不快な体験からは離れたいと思い、その体験をなくそうとします。もしくは、強く反応して他人に感情をぶつけたり、逆に我慢して抑え

図8-4 困難・不快な体験を「受け入れる」プロセス（イメージ）

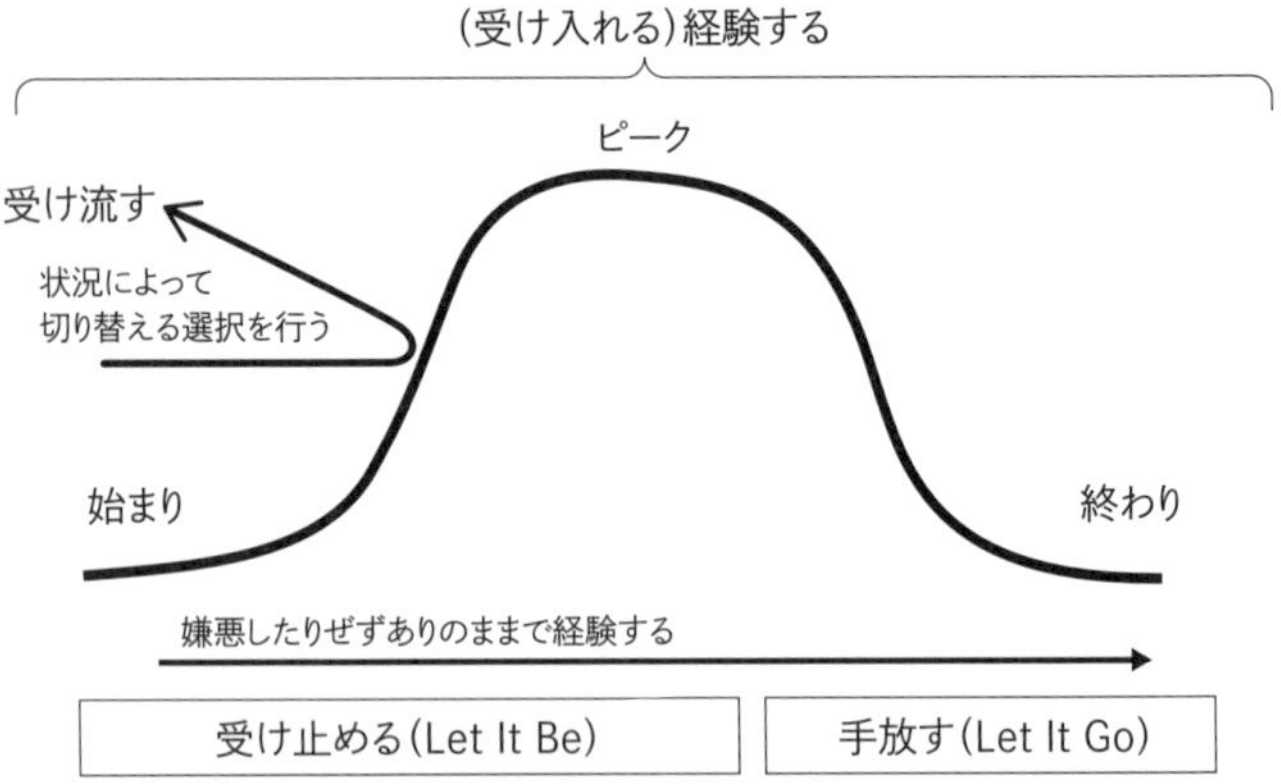

「Let it Be」「Let it Go」は欧州IMAのマインドフルネス指導者Amir Imani氏の指導内容を基に筆者作成

込もうとします（P71図2-5、ABCの経験）。

　そこで、一度観察型のエクササイズを通じて、困難なことではありますが、「過去に起こった不快な体験」「何度か繰り返している反応（赤のモード等）」を少し腰を据えるつもりで観察する経験を積んでみます。特定の状況になると反応的に呼吸が浅くなったり、身体のどこかに不快さを感じることがあるでしょう（自動反応）。そのような場面を観察型のエクササイズを通じて体験することで、体験との関係性が変わる（困難さに慣れる、不快さが軽減される等）可能性を探求する目的で行います。身体や心に反応が起こりますが、その反応を、主に身体感覚に注目して観察し続けるのです。嫌悪の気持ちが出ることもあるでしょうが、この状態をあるがまま受け止めて経験を続けます（Let It Be）。すると、やがてその反応や衝動のインパクトが一時的には強まりますが、やがてピークを超えて収まっていきます。この状態が、不快な体験が手放された状態です（Let It Go）。その一部始終の流れ（反応が始まって、感じ続けて収まる）が「受け入れる」、一連の感覚を「経験する」ということです（図8－4）。

集中型エクササイズのところで「受け流す」という言葉がありました。「受け流す」とは、反応を起こしている事象や対象から注意を弱め、アンカー（呼吸や音など）に注意を向けることで反応の影響を緩和させたり、一時的に回避・避難するという対応です。

これに対して観察型の「受け入れる」というのは、目をそむけていた対象にあえて注意を向け、正面から経験する、ということです。

この「受け入れる」が、どうしてもできない場合があります。辛い経験を観察し続けることには苦しさが伴いますし、圧倒されて避けたくなります。そういったときは、「受け流す」へと移行し、アンカーを意識します。アンカーの存在によって、辛さや緊張感が軽減されることも多いでしょう。

そこからまたアンカーを意識した状態を保ちながら「受け入れる」体験を続けてみても

いいですし、頑張りすぎずにアンカーに100％集中して「受け流す」に切り替えてもいいでしょう。自分で選択しましょう。無理をして行うものではありません。赤や青を強く感じる際は安全の確保のために控えます。

「受け流す」の先にある「受け入れる」経験ができたなら、特定の対象や状況と自分の関係が変化したことを理解できるでしょう。たとえば、「やり返す（闘う）」「されるがまま（逃げる、固まる）」といった固定化されたパターンの代わりに「沈黙を保つ」「質問する」などの、新たな選択が生まれやすくなります。こうした別の対処の選択肢を用意して、バリエーションを保つことが大事です。

観察型の体験は外部刺激と内部刺激、そして自分のパターンを理解することにつながります。これに3つのモードが組み合わさることによって、今の自分を知り、状態の変化に慣れていけるのです。

なお、観察型のエクササイズでは自己観察の副次的な効果として、身体もリラックスしていきます。身体を感じることが、身体・筋肉の緩和につながるのです。思考や感情を観察して、無自覚だった緊張などに気づければ、気持ちも楽になるはずです。

❸受容型（アクセプタンス）受け入れて調整するエクササイズ

不快な刺激を受け、怒って反論してしまうなど、〝お決まりの〟パターンに陥るというのは、ある意味、自分に「選択の自由」がない状態です。これに対して集中型のエクササイズで自分の状態に気づくことができるようになり、観察型のエクササイズを通じて取れる選択肢が増えていきます。ここに3番目の「受容型」の体験が加わります。

受容型エクササイズの価値は、「受け入れる」「調整する」ことです。受け入れて、自己調整することで赤や青から緑のモードに移っていきます。

エクササイズ③a　リソーシング※

自分の持っているリソース（資源）、つまり過去に経験した、自分にとって心地良かった体験や大切な人や動物などの存在を思い浮かべます。そうすると身体の反応によって緑のモードに変化していきます。脳内で過去の経験を思い出すことで、身体も記憶に応じた反応をします。身体にも記憶があることを体験するのです。この身体が反応する性質を活かすことで、緑のモードに自分の選択によって入っていくことができます。

イメージを想像する、思い起こすことが難しい場合は、イメージを使わずに「○○という経験があった」「一緒に□□がいて△△を楽しんだ」など、言葉を用いて体験することも可能です。

頑張りすぎずにイメージを感じ、身体の感覚に注意を向けます。徐々に自然発生的に身体や心が落ち着いてリラックスした状態に移行していきます。慣れれば慣れるほど、再現性が高まっていきます。

①あなたが心からほっとできるシーンや過去の経験を選定します。
- 例：親しかった、お世話になった（世話をした）人や動物といたシーン
- 例：優しさ、思いやり、感謝などを相手から受け取った、あるいは自分から与えた場面
- シーンは数日前でも数十年前でも、いつのことでも大体思い出せれば大丈夫です。

②その情景を頭の中で思い出します（何年前のこと？　時期や時間帯は？　どんな場所、景色でしょうか？）
- 厳密に思い出せなくても、大体でよいので思い出します。
- 映像でイメージすることを推奨しますが、難しい場合は言葉や概念でも大丈夫です。

③一緒にいた人や動物を思い浮かべます。表情、会話も可能な範囲で思い出しましょう。
④それはどんな体験でしたか？　その瞬間に考えていたこと（思考）、感じていたこと（感情）もできるだけ思い出してみましょう。思考よりも感情を後にして、より丁寧に観察して気づいていきます。
⑤今の身体の感覚は、どんな感覚ですか？　顔や胸のあたりにはどのような感覚がありますか？　うっすらとでも、何か感じる感覚はあるでしょうか？（たとえば柔らかさ、温かさ、ふんわりとした感覚、すーっとした感覚、泡が広がっていくような、脈打つような……など、感じ方はさまざまです）
⑥引き続きその感覚を感じ、心地よい感覚がどこかに感じられた場合、その感覚を身体のできるだけ広い部分に広げていくことを試みてみます（難しい場合はただ感じ続けます）。

経験できましたか？　これはまさに自分で行う自己調整です。経験には個人差があります。また最初はなかなかできないということもあるでしょう。練習と経験の積み重ねで、自分なりに意図的な調整ができるようになっていきます。

※「リソーシング」は、クレアモント大学院大学のエグゼクティブ・マインド・リーダーシップ・インスティテュートの創始者、東京を拠点とするTransformLLC.の共同創設者・パートナーのジェレミー・ハンター氏が開発して広めているエクササイズである。

エクササイズ③b　困難な状況にリソーシングで対応する

今度は、③aを自身の困難な状況で起こった場面で使ってみるエクササイズです。赤や青のモードの際に、リソーシングを行って自分の状況の変化を経験します。しかしこれは、「赤（または青）→緑」に変えていくという意図的、操作的な調整ではありません。困難さを一度受け入れて、その後、身体に注意を向けます。そしてリソーシングで生じる心地よさを捉えて身体に広がっていく様子を感じ、身体や心の状態が緑に変化していくようその変化・推移を観察していく、という行為です（自己調整）。

最初はご紹介する音源を使って③aのリソーシングの要領をつかんでから、困難な状況に適用することをお勧めします。困難な状況の最中にこのエクササイズを行うのは難しいと感じる人も少なくないでしょう。その場合、その場から一時的に外したり休憩を取ったりして、一人の時間を数分でもいいので安全を確保して行うことをお勧めします。アンカーを用いることも助けになるでしょう。

ステップ1 不快な感覚を経験する（受け入れる）

- 自分が困難な状況に陥っているときに、自分のモード（色）を自覚します。
- 思考、感情、身体感覚など、「今起こっていること」に気づいていきます。
- 徐々に身体感覚に集中して感じます。不快な感覚が大きいかもしれません。
- 特に不快さを感じる身体の場所に注意を向けます（1箇所の場合もあれば、数箇所感じることもあるでしょう）。
- その不快な場所の感覚を感じながら、観察を続けて変化を経験します。強い不快な感覚がある場合などは無理をせず、必要な場合はアンカーに注意を向けながら体験します。

ステップ2 リソーシングを通じて自己調整の経験

- 徐々に③aの「リソーシング」を始めて、身体全体の感覚を感じていきます。
- 心地よい感覚を感じ始めた場合は、その心地よさに気づいていきます。不快さに直接作用する場合もあるかもしれませんし、全体的に緑のモードに変化していく場合もあるでしょう。いずれにしても変化を焦らずに経験します。

困難な状況であることに気づき、その体験を身体感覚を中心に受け入れ、リソーシングを使って自己調整していく、という「気づく→経験する→調整する」対応です。安心した、リラックスした状態で他者と接する時間を増やしていきましょう。

ここでのポイントは、「変えようとしない」ことです。繰り返しになりますが、赤のモード状態を意図的に変えようとすると、赤のモードに赤で対処することになります。赤のモードに入っていることに気づいて、可能であれば感じきります。そして緑のモードを増やして深めていく（厳密に言えば、増やすというより緑のモードが徐々に身体のさまざまな場所で自然に増えていくことを感じて待つ）、という対応です。はじめは難しいと感じるかもしれません。経験を積んで慣れれば慣れるほどに体験は容易になっていきます。

練習と日常の意識の繰り返し

自己観察、自己調整ができるようになるために必要な、マインドフルネスの3種のエクササイズを紹介しました。ゆくゆくは日常の中でできるようになることが理想です。いきなりできることではないので、朝起きたときや、夜寝る前などにエクササイズの時間を設けたり、通勤や休憩時間といった隙間時間に練習を重ねてみていただければと思います。

マインドフルネスにはストレスや疲れを解消する効果も見込めますので、その意味でもお勧めです。

日常生活では、できる限り3色のモードを意識します。意識し続けることはなかなか難しいので、何かの予定が終わった後や、予定に入る前に短い時間で自己を観察し、モードを確認する習慣づくりから始めてみてはいかがでしょうか。

最後に、紹介してきた方法を組み合わせて行うエクササイズも紹介します。

エクササイズ④〈組み合わせ〉 4ステップ心身リセット法

第3章のエクササイズ（3ステップ呼吸空間法）と本章の集中型、観察型、受容型をつなげた、短時間でできる自己調整の習慣です。2〜4分ほどで気分や自分の状態を整えられます。他の予定で受けた影響を一度受け流して、悪影響を引きずることなく、理想の状態を心身で意図して次の予定に臨めるようになるものです。

オンライン会議などが続く中、ある予定で生じた嫌な気持ちを引きずって、次の会議で良くない自分を出してしまったという経験は誰もが持っていることでしょう。参加者に強く当たってしまったり、考えごとで頭がいっぱいで上の空といったことを防げます。

ステップ1 今の自分の「ありのまま」「起こっていること」の状態を30秒〜60秒間観察します。

「今この瞬間のモードの色は何色?」「身体感覚/思考/感情は?」

ステップ2 「集中型」エクササイズの時間を30秒〜60秒間持ちます。アンカーに注意を向けて、嫌な出来事を受け流します。

ステップ3 「観察型」エクササイズで全身を同時に感じる時間を同じく30秒〜60秒間持ちます。頭だけにあるかもしれない注意を全体に広げて、今この瞬間の身体を感じます。

ステップ4 「受容型」(リソーシング)で同じく30秒〜60秒間、緑のモードを意識します。緑のモードを感じるシーンを想像し、頭、感情、身体が緑で一致した状態を感じます。

いかがでしょう。ステップ3については時間が短すぎるかもしれませんが、ご自身の状態に合わせて調整して行ってみてください。

実践のコツと練習用音源や動画の探し方

この章では、「自己観察」の意識を強め、その力を高めるエクササイズを紹介してきました。まずは集中型から始めましょう。集中型はすべての入り口であり、応用が効きます。慣れてきたら観察型、受容型へと進んでください。

実践のコツは、静かな部屋での瞑想です。時間や場所の確保が難しい場合には、5～10分くらいの隙間時間から始めて、慣れて、よさがわかってきたら、まとまった一人時間を持ってみていただければと思います。

また、このエクササイズは習慣化と継続が大切です。長い時間の練習を週1回で行うよりも、10分でも毎日継続するほうが効果を感じやすいでしょう。行うことによって赤や青のモードから、緑のモードへ切り替えられ、気分を落ち着かせられますので、かしこまって、頑張って練習するよりも、隙間時間でリフレッシュする気持ちでぜひ、少しずつ行ってみてください。

慣れないうちは難しいと思うことでしょう。難しいと感じる場合は思考が先行しやすくなりますので、音源や他者のガイドを聴くこともお勧めです。専門家が公開している音源や動画を参考にして、身体が先に落ち着き、心が変化していく、という経験を積んでいってください。音源や指導動画はたくさんありますので、自分にあった内容（長さ、ガイドの声の相性など）を動画サイトなどから探してみましょう。

〈音源や動画の探し方〉

集中型……「集中瞑想」、「呼吸瞑想」、「アンカーの瞑想」などで検索

観察型……「ボディスキャン瞑想」、「座る瞑想」、「歩く瞑想」、「チョイスレス・アウェアネス」などで検索

受容型……「コンパッション」、「セルフコンパッション」、「慈悲の瞑想」などで検索

著者のエクササイズ音声ガイド

次のＱＲの先に、本書に掲載したエクササイズの音声ガイドを収録しています。ボディスキャン、リソーシングなどいくつかのエクササイズは長さも数種類用意しています。ぜひご活用ください。

おわりに

ここまで読んでくださった皆さんが、どのような印象や考えを持たれているか、筆者としてその想像を楽しんでいます。

本書の読前と読後で、皆さんの日常の景色は、大きくは変わらないかもしれません。しかし他の人の状態や、それを観ている自分の状態について、今まで以上に観えるものが増えた、という方もいらっしゃるのではないでしょうか。本当はしなくてもいい心配や配慮、すべきでなかった言動があったことに気づく人もいることでしょう。

身体の状態を表す3色のモードは、自分の身体と心のパターンを浮き彫りにしてくれます。私がポリヴェーガル理論と、その理論を平易に表した「ポリ語」に出会ったとき、自分が前からたくさん経験してきたことが「目の前に突然に現れ出た」と感じ、大きな納得感を抱きました。それまで観えていなかったことが観えているということは、場面場面における、「今までとは異なる対応への選択肢」が観えているということにほかなりません。

あなたの選択肢も増えているようでしたら、著者として、とても嬉しく思います。

もし、組織や職場で本書の考え方やエクササイズを使いたいと思われた場合、この本を皆さんで読んでいただくのもお勧めですが、第8章の章末のＱＲの先にメンバー向けのショートレクチャー映像を用意しておきますので、共有していただくことができます。本書の考えを共有して、お互いを理解し合うことにぜひお役立てください。

一人ひとりの言動、感情や態度は「安心したい」「守りたいものがある」ゆえに起こる自動反応である、といった受け止め方をみんなでできると、メンバー間の気持ちに余裕が生まれるでしょう。その自動反応についても、反応的に振る舞うことは決して悪いことではなく、あるタイミングまではそれはその人が自分を守ったり、自分に安心をもたらすための大切な選択であったのだと思うように、マネジャーとして、メンバーに伝えてあげると良いでしょう。それができるようになったなら、「マネジャーとしての人についての悩み」「心配からくる気遣いや介入」は、かなり減っています。

本書を通じての私の役割は次の2つだと考えていました。1つは、ビジネス現場で猛烈に働くマネジャーの皆さんに、3色のモードによる観察とその効果をわかりやすくお伝えする役割です。この役割がもしうまく果たせていたのなら、それは組織の人材育成時代に関わったマネジャーの皆さんのおかげです。この場をお借りして御礼を申し上げます。皆さんの日々のマネジメントとリーダーシップが望む方向に進むこと、メンバーとの一体感が醸成できること、そして、その先に成果につながることを、心からお祈りしています。

もう1つの役割は、マインドフルネス経験を踏まえて、心と身体の感じ方、扱い方をお伝えすることです。第8章などでも触れましたが、私は10年間のマインドフルネスの実践と練習の経験を通じて心と身体の状態を知り、対応する術を身につけてきました（まだ道の半ばですが）。特に心と身体の理解の仕方や、身体の状態が心にどう作用するのかといった解説に、マインドフルネスの経験を踏まえました。これについても、わかりやすく伝える役割をある程度、果たせたのではないかと考えています。

何を隠そう私自身、以前は思考中心の、感情や身体に無自覚な人間でした。結果、我慢や抑圧、無理をしすぎて常にストレスや疲労を溜めていました。また、できない自分を責めながら努力を重ねる傾向があり、それは成果につながることもあるのですが、多くはオーバーペースで、それこそ「赤のモード」で過ごし続けている状態でした。

私は講義などで、自分の思考を「馬主」、感情と身体を「馬」にたとえた話をします。

私は自分の馬（身体、感情）を無視して、外の出来事に翻弄され馬主（思考）が求めるままに鞭を打ち続け走らせていたのです。かわいそうな馬は休みなく走り続け、傷つき喉も乾いて息も絶え絶えの姿で横たわっていました。ある日抱いたイメージでしたが、鮮明に覚えています。それに気づいた瞬間、状況に驚くとともに、心の中でですが、「馬」に深く詫びました。馬が休みたいと思うときには、馬主が気づいて休憩させたり水を飲ませたり、ブラシで撫でてあげることが大切です。一度休憩に入ったとしても、徐々に馬が走りたい状態を知って、人馬一体となって走れるときが来ます。

マネジャーの皆さんにとって、組織で成果を出すことや、メンバーを率い鼓舞することが何より大切だと思います。しかし、それればかりではなく、ぜひ皆さん自身の状態を理解し、いたわり、心地よい状態を維持することも強く心がけてください。責任の重い皆さんですから、それは簡単ではないでしょう。ですが、それができたならきっと、組織の安心やいきいきとした状態につながって、風土や活動も変化していきますし、望むような成果にもつながるはずです。本書がその一助になることを心から願っています。

最後に、謝辞を申し上げます。監修をお引き受けくださった株式会社D・M・Wの吉里恒昭さん、八谷隆之さんの存在がなければ、このようにポリヴェーガル理論をマネジャーやビジネスパーソンの皆さんに紹介するには至れなかったと思います。本当にありがとうございます。お2人の姿やワークショップの場の空気が何より「緑のモード」の学びになりました。産業界にこのナレッジが広まっていくことを楽しみにしています。一緒に学び続けているDMWクラブのメンバーにも感謝の言葉をお贈りするとともに本書の完成の嬉しさを分かち合いたい気持ちです。

そして、3色でポリヴェーガル理論を紹介するアイデアを発明された合同会社リノバランスの四葉さわこさんに、身体への対応や姿勢などに関して、教材や会話を通じて大きな助けをいただきました。多忙な中での数回にわたる打ち合わせを、誠にありがとうございました。

また、国内でポリヴェーガル理論を普及・浸透させることにご尽力されてきた津田真人先生をはじめ、ナレッジ普及に取り組まれてきた皆様にも、この場で御礼を申し上げます。

コンサルティング会社TransformLLC.のプログラムに数年間通わせていただき、ビジネスリーダーに向けた「セルフマネジメント」というコンセプトに触れたことから、マネジャーの（自己）観察という考えが生まれました。共同創設者のジェレミー・ハンターさん、稲墻聡一郎さん、TransformLLC. の皆さん、ともに学んできているコミュニティの皆さんに御礼申し上げます。

現在ももちろん学びの最中ですが、マインドフルネスについて我流であった自身の経験、理解、知識そして「あり方」について長らく学び気づかせていただいているIMCJ（International Mindfulness Center Japan）の井上清子さん、宮本賢也さん、欧州IMA（Institute for Mindfulness-Based Approaches）講師陣（お世話になった順に）René Slikker先生、Amir Imani先生、Ingrid van den Hout先生、他講師の皆さん、先生たちの教えだけでなくあり方まで伝えてくださった通訳者の皆さん。そして講師養成講座の生徒・仲間の皆さんにも御礼を申し上げます。ありがとうございます。

そして、心・身体について扱う知見・体験を今日のように広めていただきましたMBSR（マインドフルネスストレス低減法）開発者のジョン・カバットジン氏、そしてヴィパッサナー協会の故S・N・ゴエンカ氏に心より御礼申し上げます。

最後に、長年前職時代からさまざまな機会をいただきました本書の出版社の株式会社日本能率協会マネジメントセンター様、そしてこの本が生まれるうえでなくてはならない存在であり、問い、助言、励ましなどで常にサポートをいただきました編集の宮川敬子さんに、心から御礼申し上げます。

【著者】

白井 剛司（しらい たけし）

1993年に博報堂に入社後、約10年間営業に従事した後、人材開発戦略局にて社内の人材育成に携わる。2007年よりOJTトレーナー育成プログラムを開発・推進。その後HRBP（事業部支援）やマネジャー支援も担当。2022年同社を退社後、ビジネスパーソンを対象にセルフマネジメントやマインドフルネスプログラムを提供。現在は株式会社ロッカン（ROKKAN）代表として人材育成・組織支援・マインドフルネス・農業やDIY、アウトドアワークなどの心身を扱うプログラムを家族とともに提供。共著書に『「自分ごと」だと人は育つ』（博報堂大学編、日本経済新聞出版社）。IMA MBSR（マインドフルネスストレス低減法）認定講師、Transform社セルフマネジメント認定講師。

【監修】

株式会社D・M・W 代表　八谷隆之（はちや たかゆき）

理事　吉里恒昭（よしざと つねあき）

作業療法士（八谷氏）、臨床心理士（吉里氏）。心療内科・精神科で働く傍ら、2021年より一般社団法人D・M・Wを設立（23年に株式会社化）し、メンタル疾患の予防や、支援者の燃え尽き予防のために尽力。難解な自律神経系の学説であるポリヴェーガル理論を、当事者や支援者たちが理解しやすく実現可能な方法に翻訳し、心理・学校・産業界に広める活動を行っている。

■参考文献■

『ポリヴェーガル理論への誘い』津田真人著、星和書店

『精神科医が見つけた 3つの幸福』樺沢紫苑著、飛鳥新社

『トラウマセンシティブ・マインドフルネス』デイビッド・A・トレリーヴェン著、金剛出版

『マインドフルネスストレス低減法』ジョン・カバットジン著、北大路書房

『ゴエンカ式のヴィパッサナー瞑想入門：豊かな人生の技法』ウィリアム・ハート著、日本ヴィパッサナー協会監修、春秋社

『ドラッカー・スクールのセルフマネジメント教室』ジェレミー・ハンター、稲墻聡一郎著、プレジデント社

『経験学習リーダーシップ』松尾 睦著、ダイヤモンド社

「ポリヴェーガル理論」がやさしくわかる本』吉里恒昭著、日本実業出版社（2024年4月発行予定）

部下との対話が上手なマネジャーは観察から始める
ポリヴェーガル理論で知る心の距離の縮め方

2024年3月10日　初版第1刷発行

著　者——白井剛司
監修者——八谷隆之、吉里恒昭（株式会社D・M・W）

発行者——張 士洛
発行所——日本能率協会マネジメントセンター
〒103-6009 東京都中央区日本橋2-7-1　東京日本橋タワー
TEL 03(6362)4339(編集)／03(6362)4558(販売)
FAX 03(3272)8127(編集・販売)
https://www.jmam.co.jp/

装　　丁——————藤塚尚子（etokumi）
イラスト——————吉里恒昭
本文デザイン・DTP——株式会社森の印刷屋
印 刷 所——————広研印刷株式会社
製 本 所——————株式会社三森製本所

ISBN 978-4-8005-9185-2 C2034
落丁・乱丁はおとりかえします。
PRINTED IN JAPAN